遺族と弔問側別に紹介

葬儀・法要
心のこもった
あいさつと手紙

現代礼法研究所主宰
岩下宣子

日本文芸社

心のこもった、思いやりが伝わる挨拶をする、手紙を送るために

●はじめに●

葬式は、正式には「葬儀式」といい、日本では成人式・結婚式とともに、「人生の三大礼」の一つとして、昔から大事にされてきました。三大礼のうち、成人式と結婚式は、事前に準備をして臨むことができますが、葬式は突然行うことになるケースが多く、だれしもとまどうものです。

葬式は人生最後のお別れの式で、この世で生きた証《あかし》ともなる、大事なイベントです。「弔事のことは準備をしてはならない」といわれていますが、愛する人のために悔いの残るようなことはしたくないと考えるのは、当然のことです。しかし、心を込めて故人を送りたいと思っても、身内の葬式を執り行う機会は人生に何度もあるわけではないため、あわててしまうことも多いでしょう。

そのような場での挨拶は、とくに難しいものです。取り乱すことなく、悲しみの心や参列してくださった方々への感謝、または遺族への弔慰を表すものにしなければならないからです。

本書では、故人に代わって弔問客を接待する喪主の挨拶、故人と親しい方が依頼される弔辞、遺族へのお悔やみ状の書き方、参列者への返礼品に添える送り状の書き方などについて、立場別・シーン別に多くの実例を紹介しています。

また、人生最後のお別れの式にどのような心がまえで臨んだらよいかなど、さまざまなアドバイスも豊富に盛り込みました。

心のこもった、思いやりが伝わる挨拶をする、また手紙を送るために、本書をぜひご活用いただけますことを願っております。

岩下 宣子

第1章 葬儀・法要での挨拶の基本とコツ

第2章 通夜でのお悔やみと応対のことば

第3章 通夜での喪家側の挨拶

第4章 葬儀・告別式での会葬者の弔辞

第5章 葬儀・告別式での喪家側の挨拶

第6章 葬儀後の挨拶

第7章 法要での挨拶

第8章 葬儀・法要に関する手紙

第1章

葬儀・法要での挨拶の基本とコツ

挨拶や弔辞には事前の準備が欠かせない

弔辞は、生前に親交のあった人に依頼される

弔辞は、故人の霊に捧げる弔《とむら》いのことばです。弔辞朗読は、おもに規模の大きい告別式で行われることが多く、一般家庭の告別式では省略されることも珍しくありません。

また、結婚披露宴での祝辞などと異なり、何人もが入れ代わり立ち代わりして行うことはあまりなく、故人と生前に親交のあった一名から数名の限られた人が依頼されるのがふつうです。

弔辞を依頼されるのは、名誉なことであり、また事実上、会葬者の代表の一人という立場を担うことにもなりますから、弔辞の依頼を受けたら快く引き受けて、しっかりと準備をすることが大切です。

出棺時の喪主の挨拶は、葬儀を締めくくる重要なもの

葬儀・告別式が終了し、棺《ひつぎ》が火葬場へ向かう前に、喪主《もしゅ》(または遺族代表)は会葬者に対して挨拶をすることが慣例になっています。葬儀・告別式は、一連の儀式の中心に位置するものですから、それを締めくくるものとして、喪主の挨拶は重要な意味をもちます。

また、火葬場まで同行する限られた人を除くと、会葬者の多くが、ここで故人と最後のお別れをすることになります。その点も念頭に置いて、挨拶をする必要があります。

そのように重要な挨拶ですから、悲しみのためにとり乱してことばを失うことのないように、できるだけ事前の準備をしておきたいものです。

必ず草稿を作って、十分な練習をしておく

弔辞は、朗読したらたたみ直して霊前に供えます。したがって、まず草稿を作り、実際に声に出して何度も練習し、表現で気になるところや発音しにくいところなどをチェックして、最終稿を作り上げるようにします。

弔辞の書き方のポイントなどについては第4章で説明しますが、「基本スタイル」を示してありますから、それを応用すれば、礼にかなった形式で書くことができます。

一方、出棺時の喪主の挨拶では、書いたものを読むという形はとれません。心の乱れなどのために、言おうと思っていたことが頭に浮かんでこないということのないように、原稿を作って十分に練習しておきましょう。

400字詰原稿用紙で2枚半程度が目安になる。

草稿は「三分間」を目安にしてまとめる

時間的な決まりはとくにありませんが、弔辞は三分間前後が適当です。標準的な話の速さは、一分間に三六〇字程度ですから、三分間なら一〇〇〇字程度を目安にします。

喪主の挨拶は、それよりやや短くまとめるのがふつうです。闘病中の様子などを紹介する場合でも、あまり長々と話すのはよくありません。弔辞と同様に三分間程度にとどめましょう。

聞く人の心に残る話をするためには

決まり文句だけに終始すると誠意が伝わらない

弔事の挨拶には、古くから使われてきた決まり文句があります。決まり文句は、どのようなときにどんなことばを使えばよいかを考えるうえで、また失礼のない挨拶をするためにも、とても便利なものです。そんな重宝なものだからこそ、長い間利用されてきたのです。挨拶をする際の常識として、上手に活用すべきでしょう。

ただ、決まり文句はだれもが用いる可能性のあることばですから、それだけオリジナリティーが希薄になります。決まり文句だけを並べた挨拶では、だれが話しても同じ印象になり、聞く人の心に響きません。どんなに誠意を込めて話しても、聞く人にそれが伝わらないのです。

挨拶の原稿を書くときは、できるだけ自分のことばを用いながら、決まり文句を要所要所で用いるようにしましょう。仮に決まり文句を多用せざるを得ないケースであったとしても、挨拶のどこか一か所だけでも独自の表現をするように心がけましょう。その心づかいこそが、誠意の証《あかし》です。

抽象的な言い方ではなく、具体的に話す

決まり文句だけでは誠意が伝わりにくいのは、話の内容が抽象的になってしまうためでもあります。たとえ独自の表現を盛り込んだとしても、それが抽象的なものであれば、誠意が伝わりにくいという状況は変わりません。

故人が心のやさしい人であった場合は、だれもが「やさしい方でした」と表現するでしょう。〃や

さしい方〟というのは必ずしも決まり文句ではありませんが、みんなが口にしがちな表現です。話す人の脳裏には、自分にとって「どのようにやさしい人であったか」が思い起こされていても、聞く人にはどのように〝やさしい方〟であったかが伝わらないのです。

そのような現実味のない話では、ほかのだれでもない、あなた自身が挨拶をするという意味が薄くなってしまいます。独自の表現をするというのは、結局、具体的な表現をすることです。抽象的なことばだけでは、話にリアリティーをもたせることができません。

故人をたたえようとして「やさしい方」と言ったとしても、その誠意が聞く人の心に響かないことになるわけです。自分だからこそ話せる内容を、自分らしいことばで語る――それでこそ、話にリアリティーが生まれてくるのです。

挨拶の中で、ワンポイントでかまいませんから、自分ならではの具体的な内容と表現を盛り込むように工夫することが大切です。

話の山場では、故人とのエピソードを披露する

挨拶をより具体的に、と考えていくと、どうしても長くなってしまいます。かといって、話をできるだけ簡潔にまとめようとすると、具体性のない内容になりがちです。

その「二律背反《にりつはいはん》」をうまく処理するためには、まず話全体の構成を把握し、どこが〝山場〟であるかを考えるのです。そして、全体的には抽象的な言い方が多くなるとしても、その〝山場〟に具体的なことを盛り込めばよいのです。

〝自分ならではの話を具体的に語る〟ために欠かせないのが、故人とのエピソードです。それを簡潔に披露すると、抽象的な印象が消え、聞く人の心に、映像のように鮮明に伝わります。

とくに弔辞の原稿を作るときには、この点をぜひ心がけてください。

葬儀・法要の挨拶で気をつけたいこと

宗教別の表現の違いに注意する

わが国では、葬儀の九〇パーセント以上が仏式で行われています。そのため、葬儀にかかわる用語や表現、習慣については、仏式のものが一般化しています。

しかし、十数回に一回の割合で、神式やキリスト教式の葬儀が行われていることを忘れてはいけません。当然、葬儀の形式によって、用語や表現なども違ってきます。

心がこもっていれば細かいことはどうでもよい、という考え方もあるかもしれませんが、葬儀は重要な宗教的催しですから、細かな違いにもきちんと気を配ることが大切です。基本的なマナーを守らないと、常識を疑われることになります。

たとえば、仏式の「通夜」にあたる儀式は、神式では「通夜祭」といい、キリスト教のカトリックでは「通夜の祈り」、プロテスタントでは「前夜祭（式）」と呼ばれています。

このような表現の違いは、宗教上の考え方の違いからきていることはいうまでもありません。宗教別の表現の違いには、十分注意する必要があります。

各行事で用いられる用語を間違えない

葬儀の主催者を「喪主《もしゅ》」と呼びますが、これは葬儀期間中の呼び名で、七七日忌《なななぬかき》（四十九日忌・宗派によっては三十五日忌）の忌明《きあ》けの法要からは「施主《せしゅ》」に変わります。

仏教の「僧侶」にあたる人を、キリスト教では「神父・牧師」と呼びます。キリスト教徒以外の人は、神父と牧師を混同しがちですが、前者はカトリック、後者はプロテスタントの場合です。

　このように、行事や宗教上の違いによる呼称の区別を知っておくことも、マナーを守るうえで必要なことです。

感傷的すぎる話は控える

　葬儀の場は、悲しみに包まれています。とくに遺族の胸中は察するに余りあるものでしょう。

　弔問・会葬者もその悲しみを分かち合いますが、いたずらに感傷的な話をするのはさし控えることが大切です。

　悲しみを助長するだけの話は、なんのプラスにもなりません。遺族の心を思いやって、ともにひたすら故人のあの世での幸せを祈るという姿勢を保ちましょう。故人と親しかった人ほど、この点に対する注意が必要です。

Column　忌みことばに気をつけよう

　忌《い》みことばは、かつては縁起のよくない印象をもつことばの代わりに、言い替えて用いることばのことでしたが、最近では、縁起のよくないことばそのものの意味で用いられています。お悔やみや弔辞、弔電の中では、不幸を繰り返すことを連想させるようなことばはできるだけ避けましょう。

　たとえば「返す返す、重ね重ね、いよいよ、ますます、たびたび、また、再三、さらに、ふたたび」などが忌みことばです。

　現代では気にしない人が多くなりましたが、気にする人の存在を無視することはできません。ほかのことばに言い替えたり、用いないですませることができれば、あえて使わないようにするのも、マナーのひとつです。

挨拶をするときは、こんな点に注意を

肩の力を抜き、背筋を伸ばして話す

弔事の場では、だれもがうつ向きかげんになります。それは当然のことで、やむを得ません。ただ、挨拶をする場合は、その姿勢のままでは声が低くこもりがちになり、ことばが不明瞭になってしまいます。それでは、話す人がいくら心を込めて話しているつもりでも、聞く人の心に届かない結果になりかねません。

また、肩に力が入りすぎると、緊張感が増すばかりで、言い間違いや読み違いなど、思わぬ失態を演じるおそれがあります。

挨拶をするときは、深呼吸をして肩の力を抜き、背筋をすっきりと伸ばして、自然体を意識して語り始めるようにしましょう。

明るすぎず、暗すぎない声の出し方を心がける

明るすぎる声が悲しみの場にふさわしくないことは、いうまでもありません。

かといって、暗すぎるのもよくありません。やはりことばが不明瞭になるからです。

感情の高ぶりをそのまま声に出したり、泣き声になったりするのも、遺族の悲しみの心をあおるばかりですから、慎むべきです。「できるだけ冷静に」を心がけましょう。

適度な間をとって、語尾を明確に発音する

自然体で、冷静にといっても、弔事の場では難しいことかもしれません。挨拶をするのは、たい

ていい故人とのつながりが深かった人ですから、心の乱れを抑えることだけでも精一杯でしょう。

そのような状態のときに最低限心がけたいことは、次の三点です。

❶ゆっくりと話し、要所要所で適度な間《ま》をとる
❷口をいつもより大きめに開けて、明瞭な発音を意識する
❸語尾を明確に発音する

これらを心がけると、無意識に話す場合よりもずっと聞き取りやすくなります。「ゆっくり・明瞭に・語尾をはっきり」を頭に入れておきましょう。

悲しみの席での挨拶でも、背筋を伸ばしてはっきり発音する。

お礼のことばだけでなく、頭を下げて礼を尽くす

弔事の場で挨拶をするときは、身ぶり手ぶりを控えるのが原則ですが、直立不動というのも少々不自然ですし、場合によっては不遜《ふそん》な印象を与えかねません。

とくに遺族側がお礼のことばを述べるときは、参列者に対して頭を下げるようにしましょう。葬儀でお世話になった人へ謝辞を述べるときは、その人に対して丁寧に頭を下げて礼を尽くしましょう。

弔辞を読む人が、故人との生前のつき合いに関してお礼のことばを捧げるというケースでも、単にことばだけで表現するのではなく、霊前で深く頭を下げたほうが、謝意をはっきりと表現することができます。

ADVICE

●こんなことも知っておきたい

謙称と尊称一覧

関係	自分側（謙称）	相手側（尊称）
本人	私・わたくし・わたし・小生	きみ・あなた・あなた様・貴君
父親	父・おやじ・老父・実父・家父・先代	お父上・父上様・ご尊父・お父様・父君
母親	母・おふくろ・老母・実母	お母上・母上様・ご尊母・お母様・母君
父母	両親・父母・老父母	ご両親様・ご父母様・親御様
夫	夫・主人・宅・○○（姓）	ご主人様・ご夫君様・だんな様
妻	妻・家内・女房・愚妻・○○（名前）	奥様・令夫人様・ご令室様

関係	自分側（謙称）	相手側（尊称）
夫の父母	父・母・舅《しゅうと》・姑《しゅうとめ》・養父（母）・義父（母）	お父（母）様・お父（母）上様・お舅様・お姑様
妻の父母	父・母・岳父《がくふ》（母《ぼ》）・義父（母）	ご外父（母）様・ご岳父（母）様
祖父祖母	祖父（母）・隠居	ご祖父（母）様・ご隠居様・おじい様・おばあ様
息子	息子・せがれ・長男○○	ご子息様・ご令息様・お子様・お坊ちゃん
娘	娘・子ども・長女○○	ご息女様・ご令嬢様・お嬢様
兄弟姉妹	兄・姉・弟・妹・愚弟（妹）・長兄・末弟	兄（姉）上様・お兄（姉）様・弟（妹）様

第2章

通夜でのお悔やみと応対のことば

挨拶をする人が心得ておきたいこと

弔問客と遺族が話す機会は少ない

冠婚葬祭の中では、「葬」に関する儀式が最も寡《か》黙《もく》に執り行われます。法要は別として、臨終から納骨までの一連の儀式の中で、弔問客と遺族が話をする場面は、挨拶や弔辞朗読をするとき以外は、あまりないものです。

弔問客と遺族が直接ことばを交わす機会といえば、通夜ぶるまいの席ぐらいです。

通夜ぶるまいは、弔問客に対するお礼とお清めの席で、儀式的側面もないわけではありませんが、お酒や軽食がふるまわれることもあり、比較的打ち解けた状況になります。ですから、儀式をあまり意識せずに、弔問客と遺族がお互いに心を通わせ合う場といえるでしょう。

弔問客は、お悔やみと励ましのことばを

お通夜に出向いた際に交わす挨拶や、通夜ぶるまいの席で弔問客が遺族に対して述べるべきなのは、故人の死を悼《いた》み、遺族を慰め、励ます、短い「お悔やみのことば」です。

最もよく耳にすることばは、「このたびはご愁《しゅう》傷《しょう》さまで……」という、語尾がはっきり聞こえない形です。驚きや悲しみが交錯する場でのことなのでやむを得ませんが、できればもう少し心のこもったことばを考えたいところです。

遺族の胸中を推《お》し量りながら、これまでの故人との交流や、遺族と自分との関係を頭の中でよく整理して、その場にふさわしいひと言を、簡潔に伝えるようにしましょう。

喪家側は、お礼の気持ちを込めて挨拶を

弔問客のお悔やみや慰め、励ましのことばに対して、遺族と喪家《そうか》側の人は、心を込めてお礼のことばを返しましょう。大きな悲しみのさなかに大勢の人を迎えることになり、なかには初対面の人も少なくないでしょう。しかし、突然の出来事にもかかわらず、万障繰り合わせて弔問に来てくださったのですから、できるだけ丁寧に応対するように心がけましょう。

遺族のための「返礼のことば」の実例も、この章に収録しましたので、参考にしてください。

遺族と長々と話し込む、故人の死因をしつこく聞く、陽気な声で話す、これは弔問客の三大タブー。

こんなお悔やみのしかたはタブー

遺族と喪家側の人は、悲しみを抑えながら、多くの弔問客と対応しなければなりません。そのような状況で、遺族をひとり占めにして長々と話し込むのは、弔問客の大きなルール違反です。とくに、故人の他界のいきさつなどについて質問攻めにするのは、最もよくないことです。

また、遺族を励まそうと思うあまり、大きく明るい声で語りかける人もいますが、それも通夜の場にはふさわしくありません。

通夜ぶるまいの席でのお酒は、清めの意味で出されるものですから、それを心得て、自制心をもって臨みましょう。

お悔やみのことば

どんなケースにも使えるお悔やみ

●このたびは、まことにご愁傷《しゅうしょう》さまです。心からお悔やみ申し上げます。

●急なお知らせで、本当に驚きました。心からお悔やみを申し上げます。

●このたびは、思いもかけないことでお力落としのことでしょう。お慰めのことばもございません。

●取るものも取りあえずうかがいましたが、いまだに信じられません。どうかお気をしっかりとおもちになってください。

●悲しいお知らせをいただいて、大変驚きました。奥様(ご主人)のご胸中、お察しいたします。心からお悔やみ申し上げます。

●まさか、と思いながら参りました。残念でなりません。おつらいでしょうが、残されたお子様(お母様など、とくにショックを受けている人)のためにも、気を強くおもちくださいますよう……。

！ここがポイント

★お悔やみのことばは簡潔に心を込めて

通夜にも喪服を着て出席する人が増えていますが、取るものも取りあえずに駆けつけるのですから、平服でもかまいません。

通夜に出向いたら、まず受付で、ひと言お悔やみのことばを述べましょう。

また、通夜ぶるまいの席で喪主や喪家《そうか》側の人と顔を合わせたら、簡潔で心のこもったお悔やみのことばを述べるのがマナーです。

病死だった場合

●ご体調が芳《かんば》しくないとはうかがっておりましたが、こんなに急に逝《い》かれるとは……。心からお悔やみ申し上げます。

●先日お見舞いにうかがったときは笑顔を見せていらしたので、ご回復を信じておりました。本当に残念です。どうか、お力落としのございませんように……。

●あんなに懸命に看護をされていたのに……、ご無念でしょう。当面は大変でしょうが、お体を大切になさってください。

●このたびは、まことにご愁傷さまでございます。お元気な方でしたので、ご入院とうかがっても、あまり心配していなかったのですが、考えが及ばず、申しわけありません。

●長いご入院で、早くよくなられるように私も祈っていたのですが……、本当にお慰めのことばもございません。ご胸中をお察しします。

●長い間、大変でしたね。穏やかなお顔で逝《い》かれたとお聞きしました。心からお悔やみを申し上げます。

ここがポイント

★**他界の様子を根掘り葉掘り尋ねない**

病死や事故死、突然死の場合は、弔問する側としては、故人が他界するまでの経緯や臨終の様子などが気になるところですが、喪主《もしゅ》をひとり占めして根掘り葉掘り尋ねるのは慎むべきです。

遺族の悲しみをあおるような言動や、長話につながるような話題をもち出してはいけません。

事故死・急死だった場合

●急なお知らせで、なんと申し上げたらよいかわかりません。どうか、気をしっかりとおもちになってください。

●突然のことで、半信半疑の思いで駆けつけました。私も、悔しくてたまりません。心からお悔やみ申し上げます。

●まさか、こんなことになるなんて、とても信じられないことです。お気持ちをお察しします。

●ニュースでお名前が耳に入り、まさかと思いましたが……。残念です。

●思いがけない事故で、残念なことです。お力落としにならないように、お気を強くもってください。

●このたびは、本当にご災難でしたね。皆様のご胸中を思いますと、申し上げることばもございません。

●家内からの連絡で飛んでまいりましたが……。数日前に元気なお声を聞いておりますので、いまだに信じられません。おつらいでしょうが、気を強くおもちになってください。

ここがポイント

★遺族への心づかいに重点をおく

家族の死は、ただでさえ悲しいことですが、事故などで突然その事態に至ったときは、きわめて大きなショックが重なり、遺族の心痛は計り知れないものがあるでしょう。

弔問をするときは、何よりもそのことに配慮し、遺族をいたわり、胸中を察する心づかいが大切です。

お悔やみのことばを述べるときも、その心づかいを簡潔に表現するようにしましょう。

故人が高齢だった場合

●ずっとお元気そうでしたのに、残念でなりません。心からお悔やみを申し上げます。

●このたびは、まことにご愁傷《しゅうしょう》さまでございます。本当に寂しさが募《つの》ります。

●このたびは思いもよらないお知らせをいただきまして……。お父様にはずっとお世話になるばかりで、これからご恩に報いようと思っておりましたので、本当に残念です。

●このたびは、残念なことでございました。まだ教えていただくことがたくさんありましたのに……。心からお悔やみを申し上げます。矍鑠《かくしゃく》としていらっしゃったのに、急にこのようなことになって……。

●このたびは、本当に残念なことで、心からお悔やみを申し上げます。ご連絡の折に「安らかな最期《さいご》だった」とうかがいましたが、お寂しいことでしょう。

●長い間親しくさせていただきましたので、私も寂しくなるばかりです。

ここがポイント

★故人とのつき合いが長かった場合は

故人とのつき合いが長かった場合は、遺族と心を一つにするという意味も込めて、残念であることや寂しい思いを、簡潔に表現しましょう。

★「天寿を全うする」は弔問客側は禁句

高齢者が亡くなったときに「天寿《てんじゅ》を全《まっと》うした」と表現する人がいますが、これは遺族の判断によるものですから、弔問する側が口にするのは控えるべきです。

早すぎる死去だった場合

●まだ働き盛りだったのに、突然このようなことになり、申し上げることばもございません。驚きが先に立って、まだ信じられない思いです。

●まだ三十代とお聞きしていたのに、なぜこのようなことに……。私でさえ悔しくてたまらないのですから、ご家族の皆様は、さぞご無念のことでしょう。でも、どうかお気持ちを確かにされて……。

●まさにこれからというときに、このようなことになって、本当に残念です。おつらいでしょう……。

●就職が決まってあんなに喜んでおられたご長男が、突然帰らぬ人になるなんて……。間違いであってくれればと思いながらうかがったのですが……。心からお悔やみを申し上げます。

●奥様が入院されたとうかがっておりましたが、こんなことになってしまうなんて……。ご無念でしょうが、小学生のお子様のためにも、今は気をしっかりともたれますように……。

ここがポイント

★死因にかかわる発言は控える

病死や老衰死の場合を除き、周囲の人にとって故人がなぜ亡くなったのかということは、とても気がかりなものです。その死が早すぎるときは、なおさらです。

しかし、弔問客が遺族にそれを尋ねるのは控えましょう。また、早すぎる死をあわれむ表現をするのも感心できません。お悔やみのことばを言うときは、遺族を慰め、励ますことばを中心にしましょう。

故人が子どもである場合

●このたびは、残念なことになってしまって、おつらいでしょうね。真由ちゃんは、あんなに元気に幼稚園に通っていたのに……。

●和也君が交通事故でこんなことになるなんて、なんと申し上げたらよいか……。どうか気をしっかりとおもちになって……。

●このたびは、本当に残念です。お嬢様の看病を懸命にされていただけにご無念とは存じます。おつらいことと思います……。

●拓ちゃんは近々退院できるとお聞きしていたので、本当にお気の毒で、お慰めすることばが出てきません。できることはすべてなさったのですから、あまりご自分をお責めにならないで……。

●成績も優秀でご自慢の息子さんが、こんなことになってしまうなんて……。心からお悔やみ申し上げます。

●突然のお知らせで、まだ信じられない思いです。お力落としのことでしょうが、千恵ちゃん(故人)が心配しないように、今はなんとか気持ちを強くおもちにならないと……。

ここがポイント

★子ども連れの弔問はできるだけ控える

まず一般論として、通夜や葬儀の場に、儀式の意味を正しく理解できない年齢の子どもを連れて行くのは、マナー違反になります。ぐずったり、走り回ったりしがちだからです。

故人が幼い子どもである場合は、同年齢の子どもを目にする遺族の心情を考えれば、弔問に同伴すべきでないことは、いうまでもないでしょう。

故人が喪主の夫・妻である場合

●このたびは、まことにご愁傷《しゅうしょう》さまでございます。ご主人が夜もあまり寝ないで毎日看病をしておられたのに、残念なことになってしまいまして……。

●突然のことで、信じられない思いです。おふたりはうらやましいほど仲がよくて、銀婚式をすまされたばかりでしたのに……。奥様、本当におつらいでしょうね。

●ご主人の急なご不幸で、お力落としのことと存じます。心からお悔やみを申し上げます。

●本当に残念なことです。奥様は、あんなに若々しくていらしたのに……。

●このたびはご主人の大変なお知らせをいただいて……。心からお悔やみを申し上げます。本当におつらいでしょうが、残されたご家族のためにも、あなたがしっかりしていないと……。

●このたびは悲しいお知らせをいただきまして……。まことにご愁傷さ

ここがポイント

★残されたひとりへの思いやりは、こう伝える

夫婦の一方が亡くなった場合は、残されてひとりになった人の心には、悲しさと将来への不安、寂しさが押し寄せてきます。

弔問では、その心を思いやった言動が望まれます。ただし、喪主《もしゅ》にお悔やみを述べる際には、あまり多くを語らず、慰め・励ますことばをひと言述べるにとどめます。今後、支えてあげたいという気持ちは、帰り際に「また、ときどき参りますから」というような形で伝えましょう。

までございます。私も昨年、夫を交通事故で亡くしましたので、奥様のお気持ちが痛いほどわかります。

故人にとくにお世話になっていた場合

●田村さん（故人）にはいつもお世話になるばかりでしたのに、お礼のまねさえできなくて、とても悔やんでおります。

●いつもお元気でしたのに、このようなことになり、ことばもございません。奥様には、教えていただくことばかりで、ご厚意にお応えすることもできないままで……。心からご冥福《めいふく》をお祈りいたします。

●このたびは、まことにご愁傷さまでございます。森山さん（故人）には、いつもごやっかいになっておりましたので、今後は私がと考えておりました矢先のことで、残念でなりません。

●思いがけないことで、お慰めのことばもございません。高倉さん（故人）には、会社でいろいろとご指導をいただいて、今まで無事に勤めてこられましたのに、満足なお礼も申し上げられないままで……。せめて心からご冥福をお祈りいたします。

ここがポイント

★忌みことばを口にしやすいケース

故人に何かとお世話になっていた弔問客は、つい「お世話になりながらなんのお返しもできなくて……」と言いがちです。

しかし、その表現の〝返す〟は、忌《い》みことばのひとつです。

あまり気にしなくてもよいかもしれませんが、もし可能なら言い替える工夫をしましょう。上の四つの文例は、いずれもその〝言い替え例〟です。

代理として弔問した場合

●このたびは、まことにご愁傷《しゅうしょう》さまでございます。私は、会社で山田課長（故人）にお世話になっておりました岡田隆の妻の明子と申します。本人があいにく出張中でございますので、私が代わりに参りました。戻りしだい、焼香にうかがいますが、本日のところはお許しください。

●初めてお目にかかりますが、私は、短歌会で安田先生（故人）にご指導をいただいておりました桑原千鶴子の息子で、昇太と申します。母の体調がすぐれませんので、私がうかがいました。このたびのこと、心からお悔やみ申し上げます。

●このたびは、突然のことで、心からお悔やみ申し上げます。大学時代からご主人と親しくさせていただいていた、土屋幸平の妻の雅子と申します。本人が海外出張中ですので、代わって私がうかがいました。幸平も大変悲しんでおります。

●このたびは、まことにご愁傷さまでございます。○○株式会社営業課長の加藤と申します。社長はただ今九州に出張しておりますので、私

！ここがポイント

★自己紹介をする
本来弔問するはずの人の代理としてうかがうときは、必ず自己紹介をして、弔問するはずの人との関係を、はっきりと伝えるようにします。

★代理の理由を伝える
代理人は、代理の理由を簡潔に伝えることが必要です。また、通夜は無理でも、葬儀・告別式には本人が出席可能であるときは、その旨も言い添えます。

なお、持参する香典は本人名義とし、記帳する場合は本人名の下に小さく「代」と書き添えます。

が参上いたしました。社長は、ご葬儀にはぜひうかがうとのことでございます。

手伝いを申し出るとき

●このたびは、まことに残念なことになりまして、心からお悔やみを申し上げます。何かお手伝いをさせていただければと存じますので、ご遠慮なくおっしゃってください。

●このたびは、まことにご愁傷さまでございます。お気持ちをお察しいたします。近所ですから、お手伝いできることがありましたら、なんなりとお申しつけください。

●本当に突然、思いもよらぬことになってしまって……。お慰めのことばもございません。奥様(故人)には大変お世話になっておりましたので、せめてお手伝いをさせていただければと存じます。

●このたびのご不幸、まことに残念です。心からお悔やみを申し上げます。妻もすぐに参りますが、もしご迷惑でなければ、なんでもお手伝いさせていただきますので、どうか申しつけてください。

ここがポイント

★通夜の手伝いは、遺族の指示に従って

手伝いを申し出るのが適当なのは、故人か遺族と親しい間柄の人です。遺族から「お願いします」と言われたら、自分勝手に動き回らずに、必ず遺族や世話人の指示に従い、過不足なく働くようにしましょう。

すでに手が足りているからと断られたときは、素直にそれに従います。

「もし、あとで人手が必要になったら、いつでもご遠慮なく……」と言い添えるようにすれば、なおよいでしょう。

故人との対面を勧められたとき

- ありがとうございます。では、お別れをさせていただきます。
- どうもありがとうございます。それでは、ひと目お目にかかって、お別れを申し上げます。
- お心づかい、ありがとうございます。ただ、あまりに突然のことで心が乱れておりますので、ご遠慮させていただきます。
- 申しわけございません。ご生前のお姿だけを思い出にとどめたく存じますので、お心づかいだけいただくことにさせてください。

故人との対面を終えたら

- どうも、ありがとうございました。
- 安らかなお顔でした。どうもありがとうございました。
- ありがとうございました。穏やかなお顔で、心を落ち着けてお別れをさせていただくことができました。

ここが ポイント

★弔問客側から対面を申し出るのはマナー違反

故人との対面が許されるのは、遺族側から勧められたときだけです。どんなに親しくても、弔問客のほうから申し出るのは失礼にあたります。

また、対面する際に故人の顔が白布で覆われているときは、遺族がはずしてくれるのを待ちましょう。自分で扱ってはいけません。

●まるで眠っていらっしゃるような、いいお顔でございますね。心からお別れを言わせていただきました。ありがとうございました。

通夜の途中で帰るとき

●本日は、やむを得ない事情がございまして、ここで失礼させていただきます。

●申しわけございませんが、今日はこのへんで失礼させていただきます。おつらいこととは存じますが、どうかお力落としのないように……。

●本日は、所用がございますので、お先に失礼をさせていただきます。くれぐれもお疲れの出ませんように……。

●失礼とは存じますが、今日のところはこのあたりで……。先ほどは故人と対面をさせていただき、まことにありがとうございました。改めてご冥福《めいふく》をお祈り申し上げます。

●申しわけありませんが、本日はこれで失礼いたします。明日のご葬儀には、改めてお別れに参りますが、もう一度お焼香をさせていただきます。

ここがポイント

★中座するときは、タイミングを見計らって

通夜を中座するときは、タイミングを見計らうことが大切です。読経《どきょう》の最中には席を立たないようにしましょう。また、先方にひと言挨拶をしますが、必ずしも喪主《もしゅ》に直接声をかける必要はありません。状況をよく見て、喪家《そうか》側のだれかに伝えればよいのです。

★中座の理由は不要

中座する際に、なぜ途中で帰るかを説明する必要はありません。挨拶は短く伝え、目立たないように退出しましょう。

遺族の返礼のことば

一般的な返礼のことば

●本日は、早速お悔やみをいただきまして、ありがとうございます。

●本日は、ご丁重なお悔やみをいただきまして、恐れ入れます。

●お忙しい中をわざわざお越しくださいまして、ありがとうございます。よろしくお願いいいたします。

●ご丁寧なお心づかいをいただきまして、ありがとうございます。市川様のお顔を拝見して、ほっとした気持ちになりました。

●早々《はやばや》とお運びくださいまして、本当にありがとうございます。あなたに来ていただいて、心強いかぎりです。

●遠路をわざわざお越しいただきまして、ありがとうございます。健一（故人）も心から感謝していることと存じます。本日は、お時間の許すかぎりおつき合いください。

！ここがポイント

★通夜ぶるまいの席では喪主が返礼のことばを

通夜に駆けつけてくれる弔問客の多くは、故人と関係の深かった人ですから、遺族は誠意をもって応対することが大切です。

通夜ぶるまいの席を設けた場合は、喪主《もしゅ》や喪家《そうか》側の人が飲食中の弔問客の間を回って、簡潔で丁重な返礼のことばを述べるのが、慣例になっています。

その場合の参考にしていただくために、ここではケース別の返礼のことばを紹介してあります。

故人の仕事関係者に対して

●本日は、お忙しい中をお運びいただきまして、ありがとうございました。

●本日は、ご多用のところをお越しいただきまして、ありがとうございます。夫（故人）が、生前に大変お世話になりました。

●ご丁寧なお悔やみを頂戴《ちょうだい》し、本当にありがとうございます。社長様にお越しいただいて、正也（故人）もさぞ感謝していることと存じます。

●本日は、ありがとうございます。父（故人）が生前にいろいろとお世話になったことと存じます。故人に代わりまして厚くお礼申し上げます。

●本日は、お忙しい中を○○部の皆様にお運びいただきまして、本当にありがとうございます。故人も、どんなにか喜んでいることと存じます。私からもお礼申し上げます。

●早々とお運びくださいまして、ありがとうございます。闘病中から何かとお心づかいをいただきまして、本人もどれだけ心強かったかしれません。改めてお礼申し上げます。

ここがポイント

★弔問客と故人との関係に応じた挨拶を

ひと言に仕事関係者といっても、上司・同僚・部下・取引先など、故人との関係はさまざまです。したがって、その〝関係〟を踏まえて、ことばを選ぶようにしたいものです。

ただ、その〝関係〟がはっきりわからないケースもありますから、そのときは上の四番目に記したような返礼をすると、あたりさわりがありません。

故人の友人に対して

●山本さん、今日はわざわざありがとうございます。達哉(故人)が生前にいろいろとお世話になりました。改めてお礼申し上げます。

●高野さんに来ていただいて、北沢(故人)もきっと喜び、とても心強く感じていることと思います。

●こんなことになってしまいましたが、あまり苦しまずに逝《い》きましたのが、せめてもの救いだと思っております。本日は、どうもありがとうございます。

●今日は、本当にありがとうございました。それなりに覚悟はしていたのですが……。入院中は、何度ものお見舞いなど、お心づかいをいただきまして、改めてお礼を申し上げます。

●早速ご弔問をいただきまして、ありがとうございます。回復したら、小坂さん(弔問者)と○○川へ鮎《あゆ》釣りに行くんだと言っておりましたのに、残念な結果になってしまって……。

●今日は遠方からわざわざ来ていただき、ありがとうございます。突然

ここが ポイント

★心をともにする姿勢で応対する

故人と親交のあった人の悲しみは、遺族の悲しみとは少し異質かもしれませんが、同様に深いものであるはずです。ですから、「心をともにする」という心づもりで、誠意ある応対をするようにしましょう。

★少し詳しく伝えることも考慮する

入院中や臨終の様子などは、一般の弔問客にはあえて伝えなくてもよいのですが、故人と親交のあった人には、手短に伝える配慮をしてもよいでしょう。

のことで、私どももまだ信じられない思いです。

遺族の友人・親戚に対して

●早々《はやばや》と駆けつけてくださって、本当にありがとう。急なことで、気持ちが整理できないでいましたが、あなたのお顔を見て少し落ち着きました。

●あなたの顔を見たら、なんだかほっとしました。でも、しっかりしなくては……。ご都合がよければ、今日は最後までおつき合いいただけると心強いのですが……。

●遠くから、どうもありがとう。突然のことで驚かれたでしょう。私もまだ信じられなくて、頭の中が混乱しています。

●今日は、どうもありがとう。あなたがずっと励ましてくださったお陰で、最期《さいご》を私なりにしっかり見届けることができました。

●すぐに来てくださって、本当にありがとう。正直なところ、まだ悪い夢の中にいるような気がして……。甘えるようですが、いろいろと力になってくださいね。

ここがポイント

★甘えてもよいが限度を心得て

弔問は、すべて弔意を表すために行われるものですが、遺族の友人や親戚の場合には、遺族を慰め、励ましたいという気持ちも強いはずです。お悔やみのことばにも、それが表れていることでしょう。

遺族は、そんな気持ちに多少甘える形で、表向きにはしない心情を素直に吐露してもかまいません。ただし、取り乱すほど〝素直〟になりすぎるのは、感心できません。相手が安心できるような言動が必要です。

故人が高齢だった場合

●ご丁寧なお悔やみをいただきまして、まことにありがとうございます。年が年だっただけに覚悟はしていたのですか、長年の連れ合いに先立たれると、やはりせつないものです。

●お忙しい中をお運びくださいまして、ありがとうございます。安らかな最期《さいご》でしたのが、せめてもの救いでございます。

●本日は、ありがとうございます。昨年、卒寿《そつじゅ》をすませることができましたので、天寿《てんじゅ》を全《まっと》うすることができたと思って、なんとか気持ちを落ち着かせております。

●本日は、どうもありがとうございます。眠るようにして逝《い》きました、最期までだれにも迷惑をかけずに……。祖母（故人）らしい生き方を全うしたのだと思っております。

●遠路、わざわざお運びくださいまして、本当にありがとうございます。生前は何かとお気づかいをいただきまして、お陰さまで充実した晩年だったと存じます。故人に成り代わってお礼を申し上げます。

！ここがポイント

★「天寿を全うする」ということばの使い方は

高齢の人が亡くなったときに、遺族側ではよく、「天寿を全うしたのだから……」と表現します。

このことばだけを用いると、「めでたいこと」というニュアンスが残って、聞く側としては疑問を感じる人もいるでしょう。

したがって、その表現のあとに、「せめてもの救い」「自分を落ち着かせる」などのことばを添えるようにしましょう。

●本日は、ありがとうございます。生前、畳の上で死にたいと申しておりましたが、それを果たしてやることができました。本人なりに満足して逝くことができたかとは存じますが……。

早すぎる死去だった場合

●早速お悔やみをいただきまして、ありがとうございます。これも天命なのだと自分を納得させようとしているのですが……。

●お忙しい中をお運びくださいまして、ありがとうございます。突然のことで、心の整理ができませんが、なんとかしっかりしなくてはと、自分に言い聞かせております。

●本日は、わざわざお越しくださいまして、ありがとうございます。二十数年の人生でしたが、皆様との楽しい思い出をいっぱい抱いて逝くことができましたので、本人もそれなりに納得しているのではと存じます。高橋様(弔問者)には改めてお礼申し上げます。

●短いなりに精一杯に生きた毎日でしたから、和也(故人)はふつうの方の一生分と同じだけ生きたのではないかと思っております。

ここがポイント

★無念な気持ちの表現はほどほどに

故人が若いうちに他界した場合は、遺族の心には無念な思いが強いものです。それが思わず、口をついて出ることもあるでしょう。それは自然な心の吐露ですから、かまいません。

ただ、あまり言いすぎると、自分だけでなく周囲全体が重い雰囲気になり、弔問客の心配も募ることになります。無念さの表現はほどほどにして、弔問客を心配させないようにしたいものです。

代理の弔問客に対して

●ご丁寧なお悔やみをいただきまして、まことにありがとうございます。石倉様に、くれぐれもよろしくお伝えください。

●わざわざお運びくださいまして、ありがとうございます。竹内様には、お心づかいをいただき本当に感謝しております、とお伝えください。

●本日は、ありがとうございます。山本様には、生前に大変お世話になりました。本人に代わって、心からお礼を申し上げます。

●わざわざご足労いただきまして、ありがとうございます。最期《さいご》は眠るように逝《い》きましたので、それがせめてもの救いと思っております。その旨、藤本様にお伝えください。

故人との対面を勧めるとき

●ご丁寧なお悔やみ、ありがとうございます。入院中には何度もお見舞いをいただきまして、本人もどれだけ慰められましたことか……。寝

ここがポイント

★代理の人が報告しやすいような表現を

代理で来た弔問客は、先方に通夜のことを報告しなければなりません。

弔問するはずの人との関係や、代理人を向かわせざるを得なかった理由を考え合わせながら、代理の人へ伝言を託すような答え方を心がけましょう。

通りいっぺんのことばだけでは、代理の人が、どう報告したらよいか困ってしまいます。

顔にも、それが表れているような気がいたします。よろしければ、ひと目会ってやってください。

●遠路お越しくださいまして、本当にありがとうございます。病《やまい》との苦闘に明け暮れていましたが、今はとても安らかな表情をしております。ほっとしているのかもしれません。できましたら、穏やかな顔を見てやっていただけませんか。

●早々《はやばや》とご弔問いただき、ありがとうございます。あなたのお顔を拝見して、気持ちが少し落ち着きました。本人も、きっと喜んでいるでしょう。ひと目だけでもお会いくださいますか。

●お忙しいところをお越しいただき、ありがとうございます。昨日の早朝、突然のことでしたので、私どももそうですが、本人も残念だったと思います。ひと目会って、お慰めいただけますか。

●遠い中を駆けつけてくださって、本当にありがとう。本人もどれだけ喜びますことか……。どうか、早速会ってやってください。

●本日は、ありがとうございました。文哉（故人）は、あなたとの思い出を大切に胸にしまって旅立ったのだと思います。よろしかったら、ひと目会ってやっていただけますか。

ここが ポイント

★対面していただくときの遺族側の対応

故人と親しかった人に故人との対面を勧める場合、故人の顔を覆っている布を、弔問客が自分で取りはずすことはできませんから、遺族がそれを行います。

布を持ち上げるときは、顔の下のほう（あご側）から行います。布は、およそ三分の二程度持ち上げるようにします。

対面が終わったら、弔問客に対して、改めてお礼の気持ちを伝えます。

手伝いを申し出られたとき

●どうもありがとうございます。本当に助かります。よろしくお願いいたします。

●どうもありがとう。何をどうしたらよいか、頭が混乱してしまっていますが、おことばに甘えさせていただきます。

●助かります。本当にありがとう。今、弟の嫁がいろいろと動いてくれていますから、できればその手助けをお願いしたいのですが……。

●ありがとうございます。ただ、身内の者が何人もおりますので、お気持ちだけ、ありがたく頂戴《ちょうだい》いたします。

●ご親切に、ありがとうございます。でも、今のところ手が足りているようですので、なんとかなるかと思います。お気づかいいただき、感謝いたします。

●恐れ入ります。今のところ大丈夫ですが、通夜の後のおもてなしのときに、少しお手伝いいただければ助かります。のちほど、改めてお願いの声をかけさせていただきます。

ここがポイント

★手伝ってくれる人には世話役を紹介する

親しい人が手伝いを申し出てくれたときは、その必要があれば、ありがたく好意を受けましょう。

具体的なことは世話役が取り仕切っていますから、その人を紹介して手伝いの内容を決めてもらいます。

世話役を通さずに頼み事をすると、混乱のもとになります。

世話役が遺族に代わって応対するとき

●［受付で］わざわざお運びくださいまして、まことにありがとうございます。どうぞ、中へお進みください。

●［受付で］お忙しい中をおいでいただきまして、ありがとうございます。遺族に代わりまして、お礼申し上げます。

●［供物《くもつ》を渡されたとき］ご丁寧なお心づかいをいただきまして、ありがとうございます。早速霊前に供えさせていただきます。

●［名刺を渡されたとき］中島様、確かにお預かりいたします。本日はお忙しい中を、本当にありがとうございます。

●本日は、ありがとうございます。故人の職場の同僚でございますが、遺族に代わりまして、お礼申し上げます。遺族は故人に付き添っておりますので、よろしくお願いいたします。

●［故人の親友に対して］早々《はやばや》とお越しいただき、本当にありがとうございます。故人も心待ちにしているかと存じますので、どうかよろしくお願いいたします。

ここがポイント

★遺族側の一員としての心がまえで臨む

世話役は、遺族との血縁がどうあれ、遺族側の人と見なされます。ですから、その立場で弔問客と応対します。「ご遺族の方は」「こちらの奥様は」など、遺族に対して敬語を用いてはいけません。

★無用のことを口にしてはいけない

遺族側に立つとはいっても、遺族ではない人の場合は、臨終や闘病の様子などを口にすることは控え、過不足のない受け答えをするように心がけましょう。

世話役に対する感謝のことば

［事前に］

●お手数をおかけいたします。快くお引き受けいただきまして、本当にありがとうございます。

●面倒な役をお申し出くださって、本当に助かります。万事、よろしくお願いいたします。

［通夜の合間に］

●お陰さまで滞りなく進んでおります。本当にありがとうございます。

●本当に助かっております。心強く存じます。

［通夜の終了時に］

●本日は、お陰さまで滞りなくすますことができました。ありがとうございました。

●お力添えをいただきまして、本当にありがとうございました。お陰さまで、なんの支障もなく過ごすことができました。お疲れのこととは存じますが、明日の葬儀も、なにとぞよろしくお願いいたします。

ここがポイント

★世話役に対する心配り

世話役には、葬儀全般にわたって、面倒なことをお願いすることになります。できるだけ世話役が動きやすいように、遺族は次のような心配りをしましょう。

①葬儀社の人も交えて、しっかりとした事前の打ち合わせをしておく。

②人手が足りなくならないように配慮する。

③一度依頼したらすべてを任せて、あれこれ口出しをしない。

第3章

通夜での喪家側の挨拶

挨拶をする人が心得ておきたいこと

通常、通夜のあとに喪主が謝辞を述べる

通夜は本来、近親者や故人とごく親しい人たちだけで営むもので、それ以外の人は、葬儀か告別式に参列するのが慣例でした。そのため、通夜で喪主《もしゅ》が改まって挨拶をするということはあまりありませんでした。

しかし最近では、日取りや時間の都合などで、仕事関係者なども通夜に参列して焼香をすませることが多くなっています。そのような事情から、喪主が通夜で謝辞を述べるケースが増えてきています。

喪主の挨拶は、通夜ぶるまいに先立って行う場合と、お開きに際して行う場合があります。また、喪主がはじめに謝辞を述べて、世話役代表がお開きの挨拶をするというケースもあります。いずれの方法をとるかは、通夜の進め方にもよりますが、葬儀社と相談して決めるとよいでしょう。

なお、一般の弔問客が、読経《どきょう》の最中に焼香をして順次引き上げていく形式の通夜では、喪主の挨拶はあえて行いません。

通夜での謝辞の内容と構成のしかた

喪主が行う通夜での謝辞は、おもに次のような要素で構成します。

❶**感謝のことば**……弔問に来ていただいたことへのお礼と、故人が生前にお世話になったことに対するお礼のことば。

❷**死去の報告**……いつ、どこで、なぜ死去したのか、故人の最期《さいご》の様子、享年《きょうねん》などを盛り込む。

ただし、自然死以外の自殺や変死などの場合は、触れなくてもよい。

③葬儀・告別式などの案内……通夜ぶるまいの席を用意している場合はその旨を伝え、葬儀・告別式の日時や場所を告げる。

そのほか、故人の人柄をしのぶことばや、日ごろの生活ぶりを織り込んだり、遺族に対する今後の支援を願うことばを添えることもあります。

ただし、どのような場でのスピーチにもいえることですが、長い話は禁物です。聞く人の印象に残る味わい深い挨拶をするには、要領よく、短くまとめることが重要です。

できるだけ落ち着いて挨拶を

喪主は、故人の代理として弔問を受ける立場にあります。したがって、挨拶も故人に代わって行うものです。悲しみのあまりことばにならないこともあるでしょうが、泣き崩れるようなことは慎みましょう。

喪主がとり乱すと、弔問客に心理的な負担をかけてしまいますから、つとめて冷静に、丁寧な挨拶をするのが礼儀です。

喪主が挨拶に立てないような精神状態の場合は、無理に〝喪主〟にこだわる必要はありません。親族代表か世話役代表などが、代わって挨拶をすることも考えましょう。

原稿を作って準備しておく

いろいろな手配や応対で取り込んでいる状況でも、礼を尽くした挨拶をするには、それなりの準備が必要です。

合間を見て原稿を作り、練習をしておきたいものです。これには、乱れている心を少しでも鎮めるという効果もあります。

時間的にそれが無理な場合は、話すべき要点を記したメモだけでも事前に用意しておきましょう。

基本スタイル❶
～通夜ぶるまいの前に

① お礼

本日は、お忙しい中を父・山下英雄の通夜にお運びくださいまして、ありがとうございます。生前に父が賜《たまわ》りました数々のご厚誼《こうぎ》に対しましても、本人に成り代わりまして心からお礼申し上げます。

② 死去の報告

父は、一昨日の午前五時三十五分に、膵臓《すいぞう》がんのため、県立○○病院で他界しました。享年《きょうねん》六十七でございました。

父の闘病生活は、正直申しますと、決して楽なものではありませんでした。しかし、病院での適切な緩和ケアが功を奏しまして、この病気としては、比較的苦痛も少ないまま逝《い》くことができましたので、それが私どもにとってはせめてもの救いでした。

③ 心境など

父が穏やかな最期《さいご》を迎えることができたのは、皆様から温かいお励ましをいただいたお陰だと存じます。改めて皆様に感謝申し上げますとともに、今後とも変わらぬご支援を賜りますよう、お願い申し上げます。

① お礼
出席へのお礼を述べることが基本。生前の厚誼《こうぎ》への感謝は、挨拶の後のほうで述べてもかまいません。

② 死去の報告
亡くなった日時と年齢を報告します。さしつかえなければ、死因や闘病中の様子などもごく簡潔に述べます。

③ 心境など
故人への思い、支えてくださった人たちへの感謝、今後の厚誼のお願いなどですが、一部を省略してもかまいません。

④ 案内

なお、葬儀・告別式は、明日二月八日午前十一時より、当寺院の斎場にて行うことになっておりますので、ご都合がよろしければご会葬くださいますよう、よろしくお願い申し上げます。

⑤ 結び

では、ささやかながら酒肴《しゅこう》の用意をいたしましたので、故人をしのびながらお召し上がりいただければと存じます。
本日は、まことにありがとうございました。

④ 案内
葬儀・告別式の日時と場所を伝えます。

⑤ 結び
お礼のことばで締めくくります。通夜ぶるまいの案内は、④の冒頭で述べることもできます。

ひと言アドバイス

❶ 簡潔にまとめる

通夜で行う挨拶は、告別式後の出棺時の挨拶と、基本的には同じです。しかし、通夜は告別式ほど厳粛な儀式ではありませんから、それほど形式を重視する必要はありません。

忙しい中を駆けつけてくださったことに対する、感謝の気持ちを十分に伝えることを念頭に置いて、簡潔にまとめましょう。

❷ みずから悲しみをあおらない

故人の最期の様子などを報告するときは、弔問客が耳にしてつらくなるような話は避け、故人が安らかに旅立てるような話題を選びましょう。

これは、喪主《もしゅ》自身のためにも大切です。挨拶をしている途中で新たな悲しみがこみ上げてきて、挨拶が支離滅裂になったり、絶句したりしては、聞く人に対して失礼になります。

基本スタイル❷ ～通夜ぶるまいの終了時に

① お礼	② 死去の報告	③ 心境など
皆様、本日はご丁重なお悔やみをいただき、故人をしのぶお話なども聞かせていただきまして、本当にありがとうございました。また、私ども遺族に対しましても、温かい励ましのおことばをたくさんいただきました。あわせてお礼を申し上げます。	すでにお聞きおよびのことでしょうが、妻の弓子は、十月二十日午後十一時過ぎに倒れまして、市立○○病院に運ばれましたが、意識を取り戻すことなく、翌朝に息を引き取りました。享年《きょうねん》七十五でございました。	二年後には喜寿《きじゅ》の祝いをするつもりでおりましたし、女性の平均寿命が八十五歳といわれる時代ですから、正直なところ早すぎるという思いがいたします。しかし、皆様から妻とのいろいろな思い出話を聞かせていただいているうちに、弓子なりに充実した、納得のできる人生を全《まっと》うできたのだ、という気がしてまいりました。故人に対する皆様のこれまでのご厚情に、心からお礼申し上げます。

① お礼
通夜に参列してもらったことへのお礼のほか、お悔やみのことばに対する謝意も述べます。

② 死去の報告
通夜ぶるまいの席で個人的に話していたとしても、ここで改めて全員に報告しましょう。

③ 心境など
故人の人柄や生活ぶりなどに触れ、遺族としての心境をひと言添えましょう。

⑤ 結び	④ 案内
さて、夜も更《ふ》けてまいりましたので、そろそろお開きということにさせていただければと存じます。どうか、足元にお気をつけください。本日はまことにありがとうございました。	葬儀・告別式につきましては、明朝十時三十分から、当所にて執り行いますので、ご都合がよろしければ、お見送りくださいますようお願い申し上げます。

④ **案内**
葬儀・告別式の日時と場所を伝えます。

⑤ **結び**
終了を告げることばとお礼のことばを中心に、短くまとめます。

ひと言アドバイス

❶ 喪主以外の人の場合は自己紹介を

通夜での挨拶は喪主《もしゅ》が行うのが本筋ですが、喪主が心労のあまり話ができない状態のときや、喪主にあたる人が高齢者や年少者の場合は、世話役代表（親戚代表）が代わってもさしつかえありません。

また、通夜ぶるまいの前に喪主が謝辞を述べ、世話役代表が終了時に挨拶をするというケースもあります。

喪主以外の人が挨拶に立つ場合は、冒頭で「故人の叔父の○○と申します」のように、故人との関係を含めた自己紹介をすることが必要です。

❷ 遺族は弔問客の見送りをしない

お開きの後、弔問客が帰る際には、遺族は玄関まで見送らないのが慣例です。席に着いたままお礼を述べるか、目礼だけにします。

喪主の挨拶

父を亡くした息子として（故人＝70代・病死）

弔問客へのお礼 本日は、お忙しい中をお運びくださいまして、本当にありがとうございました。亡き父もさぞ満足していることでしょう。

死去の報告 父・西田信一郎は、病を得て約半年、懸命の治療も及ばず、八月三日に他界いたしました。七十三歳の誕生日を迎えて間もなくでした。入院中は、皆様からお見舞いや激励のおことばをいただき、父も心から感謝しておりました。改めてお礼申し上げます。

案内 なお、葬儀・告別式は、明日午前十時から当寺の斎場で行いますので、お時間がございましたら、ご会葬くださいますようお願い申し上げます。

結び 別室にささやかですが、酒肴《しゅこう》の席を設けてございます。どうぞごゆっくり召し上がりながら、父をしのぶお話などを聞かせていただ

！ここがポイント

★生前の厚誼への感謝のことばを添える

通夜の喪主《もしゅ》の挨拶では、突然の出来事にもかかわらず弔問していただいたことへの、感謝のことばが中心になります。

弔問に訪れた人は、故人と親交のあった人がほとんどですから、生前の厚誼《こうぎ》に対するお礼のことばも添えます。

病死の場合は、闘病中に受けたお見舞いや励ましに焦点をあてて、謝意を表しましょう。

きたいと存じます。
皆様、本日はまことにありがとうございました。

老母を亡くした息子として（故人＝90代・老衰死）

弔問客へのお礼 本日は、ご丁重なお悔やみをいただきまして、まことにありがとうございます。また、生前に賜《たまわ》りました数々のご厚誼《こうぎ》に対し、母に成り代わりまして心からお礼申し上げます。

死去の報告 母・紀子は、一昨日の早朝、眠りから覚めることなく、静かに亡き父の待つところへ赴きました。享年《きょうねん》九十七でございました。

心境など 皆様もご存じのように母は大変気丈で、人に迷惑をかけたくないと、いつも口にしておりました。最期《さいご》まで、自分の生き方を貫いたものと思います。思い出もたくさん残してくれました。

結び 別室にささやかな席を用意してございます。にぎやかなことの好きな母でしたので、故人をしのびながらお時間を過ごしていただければと存じます。
本日は、まことにありがとうございました。

こんな表現法もある

高齢で亡くなった場合

● 父は、数多くの思い出を残して他界しました。大往生だったといえると思います。

● 母は認知症もだいぶ進んでいて、手がかからなかったといえばうそになりますが、母の子どものように愛らしい表情を見ると、いつまでも生きていてほしいと願わずにはいられませんでした。

● 長寿の時代になりましたが、母がひ孫の成人式を見届けることができたことは、まれなことと申せましょう。

母を亡くした娘として（故人＝60代・病死）

弔問客へのお礼 大林晶子の長女・真由美でございます。本日はお忙しい中をご弔問くださいまして、ありがとうございます。

死去の報告 母は、一昨日の午前十時十五分に、○○病院で胃がんのために息を引き取りました。六十一歳でした。

心境など 早くに父を亡くした私を、母は懸命に、そして大切に育ててくれました。娘を育て、孫の面倒をみて、あっという間に逝《い》ってしまいました。親孝行のまね事さえ、ほとんどさせてくれませんでした。それが本当に心残りです。でも、皆様の温かいご支援やご厚誼《こうぎ》をいただいたからこそ、母は走り続けることができたのだと思います。母は、皆様にお礼らしいお礼も申し上げていないかもしれません。私から厚くお礼を申し上げます。

結び 心ばかりですが、食事の用意をいたしましたので、召し上がっていただければと存じます。お席で、忙しいばかりだった母の、また違った面などもお聞かせくださいませ。本日は、ありがとうございました。

ここがポイント

★特定の人だけを対象にした表現は避ける

弔問客の中には、社会的地位の高い人や、故人の大恩人がいるかもしれません。そのような人は大切に扱いたくなるものですが、だれに対しても平等に接するのが礼儀です。

通夜に出向いて故人の死を悼《いた》むという心は、だれもが同じだからです。挨拶の中でも、たとえば「○○様をはじめ皆様には……」といった〝特別扱い〟は、避けるようにします。

働き盛りの夫を亡くした妻として（故人＝40代・事故死）

弔問客へのお礼 本日は、お運びいただきまして、ありがとうございました。

死去の報告 夫は昨日の早朝、不慮の事故に遭《あ》い、四十三歳の若さで帰らぬ人となりました。事故の原因などを本当はきちんとご説明しなければならないのですが、申しわけございません。今はお許しください。

心境など 先月、こんなことがございました。仕事人間の夫が、急にキャンプに行こうと言い出したのです。連休で道路も混んでいるので気乗りはしなかったのですが、とても楽しい二泊三日を過ごすことができました。最後の思い出づくりをしてくれたような気がしてなりません。

私も二人の子どもたちも、夫が他界したことがまだ信じられません。皆様のお力をお借りして、これからのことも考えなければなりません。どうかご指導のほど、よろしくお願いいたします。

結び 別室に簡単な席を用意してございますので、召し上がりながら夫の霊を慰めていただければと存じます。ありがとうございました。

ここがポイント

★前向きな表現を

働き盛りの夫を亡くした妻にとって、その現実はこのうえもなくつらいことです。今後の生活の不安も、計り知れません。そのことは、弔問客にも十分わかっています。

ですから、挨拶では、そんなつらい立場であることをことさら強調するような表現は、控えるべきです。

それよりも、今後に向けて、支援を願うことばや、遺族が力を合わせて生きていくといった決意など、できるだけ前向きな表現を心がけましょう。

高齢の夫を亡くした妻として（故人＝80代・病死）

弔問客へのお礼　皆様、本日はお寒い中を夫・道夫の通夜にご弔問くださいまして、本当にありがとうございました。

死去の報告　夫は、二月三日の深夜、自宅で家族に見守られながら、永眠いたしました。本人のたっての希望によりまして、一か月ほど前に病院の許可を得て退院し、そのまま最期《さいご》を迎えることになりました。

心境など　夫は、多くの趣味をもち、好きなだけ旅行をし、好きなだけ飲んで食べて、そして病に倒れても、願いどおりわが家で生涯を終えることができたのですから、何も思い残すことはなかったでしょう。ただ、「おまえの死に水はおれがとってやる」というのが口癖でございましたから、それだけは心残りだったかもしれません。そんな夫に長い間おつき合いいただきまして、本当にありがとうございました。

案内　葬儀・告別式は、明日午後一時三十分から、市内○○町の玄清寺で行いますので、ともにお見送りいただければ幸いに存じます。

結び　別室にささやかですが、お清めの席を用意いたしましたので、

ここがポイント

★死去の報告は、弔問客を安心させる表現に

弔問客は、故人の最期の様子を気にしています。家族に看取《みと》ってもらうことができたのか、苦しまなかったかなど、他人でも心配しているものです。その気づかいに応えるためにも、死去の報告をするときは、弔問客を安心させるような表現を心がけましょう。

ただし、壮絶な死を遂げたときは、無理にありのままを伝える必要はありません。いつ、なぜ亡くなったか、何歳だったか、客観的に報告すれば十分です。

供養としてお召し上がりいただければと存じます。
本日のご弔問、本当にありがとうございました。

妻を亡くした夫として（故人＝50代・急死）

弔問客へのお礼　皆様、ご多用のところをご丁寧なお悔やみをいただきまして、まことにありがとうございました。

死去の報告　妻は、早朝のジョギングの最中に心不全を起こし、病院に運ばれましたが、意識を回復しないまま他界いたしました。急なことで、私も臨終には間に合いませんでした。享年《きょうねん》五十三でございました。

心境など　妻との別れがこんなに早く、こんな形で訪れようとは、思ってもみないことでした。ただ、下の子も昨年に成人式をすませて就職し、母としての役割は十分に果たしてくれましたから、それでよしとするほかないと、自分に言い聞かせております。

結び　皆様、お粗末なものですが食事の用意をいたしましたので、召し上がりながら、妻をしのんでくだされればと存じます。
本日は、わざわざお運びいただき、ありがとうございました。

こんな表現法もある

急死の場合の心境の表し方

- 不意の出来事で、いまだに信じられません。
- あまりにも急なことで、何もしてやることができませんでした。本当に残念です。
- 故人がなぜこのように生き急いだのか……、正直なところ、私はまだ気持ちの整理がつかないでおります。
- 思いもよらないことで、とても現実のこととは思えません。

息子を亡くした父として（故人＝10代・自殺）

弔問客へのお礼　本日は、長男・純一のためにお悔やみをいただきまして、ありがとうございました。

心境など　あまりにも突然のことで、どうしてこのようなことになってしまったのか……、無念としか今は申しようがございません。親として息子の胸中を、苦しみを、どうして察してやれなかったのかと、悔やんでおります。今後の私の生涯をかけてその理由を推し量り、冥福《めいふく》を祈ってやるしかありません。

息子と親しくしてくださった皆様には、本人に成り代わって心からお礼を申し上げます。同時に、皆様のかけがえのない命をどうか大切にしていただきたく、今日のこの悲しみのすべてをかけて、深く深くお願い申し上げます。

結び　あちらに、形ばかりの席を用意いたしました。クラスメイトの皆さんの席もございますので、息子をしのんでやっていただければと存じます。今日は、まことにありがとうございました。

ここがポイント

★死去の報告を省いてよいケースもある

死因が「自殺」である場合は、たいていはその事実を弔問客が知っていますから、述べたくなければ省略してもかまいません。

★身内が自殺したことを、恥じる表現は不要

世間体が気になるかもしれませんが、恥ずかしいという意味の表現は不要です。ただし、各方面に迷惑をかけたときは、お詫《わ》びのことばを添えることが必要です。

娘を亡くした父として（故人＝20代・病死）

弔問客へのお礼 皆様、本日はお寒い中をお運びくださいまして、まことにありがとうございます。

死去の報告 娘の病気のことは、皆様もご存じのことと思いますが、残念ながら昨日の未明に息を引き取りました。二十四歳の誕生日を、約二週間後に控えておりました。

心境など 美樹はけなげに生きた子でした。先天性の病気を抱えながら、いつも何かにチャレンジする意欲を失わない姿に、看護する私どものほうが励まされていたように思います。病気が娘を鍛えてくれたのかもしれません。病気のことを嘆いたら、娘に叱られるような気さえします。

娘は、また、皆様にも本当に支えていただきました。あの子は皆様とのすばらしい思い出を両手に持ちきれないほど持って、感謝しながら旅立ったものと存じます。本人に成り代わって厚くお礼を申し上げます。

結び ささやかな席ではございますが、召し上がりながら、故人をしのんでやってください。どうもありがとうございました。

!!こんな表現法もある

生前の交誼へのお礼

● 娘と生前に親しくしてくださった皆様には、本当に感謝しております。

● 皆様の温かい励ましが、ともすれば暗くなりがちな娘の心を、明るくしてくれていたのだと存じます。本当にありがとうございました。

● 先生方の親身なご指導と、ご近所の皆様やクラスメイトの皆さんとの温かい交流が、あの子を○年間生かしてくれた力の源だったのではないかと思います。改めてお礼申し上げます。

親族代表の挨拶

弟を亡くした兄として（故人＝60代・病死）

弔問客へのお礼　本日は、お忙しい中を弟の通夜にご列席いただきまして、まことにありがとうございます。父が少し疲れておりますので、故人の兄である私から、ひと言ご挨拶を申し上げます。

死去の報告　弟の剛志は、六月二十日の午前十一時過ぎに、○○市民病院で息を引き取りました。入院して約二か月、六十三歳でした。

心境など　年齢のわりに、がんの進行が早かったそうです。告知を受けた日、「気が若いから、がん細胞も元気だったんだ」と苦笑いしていた弟の顔が、忘れられません。そして弟は、でき得るかぎりの身の周りの始末をきちんとやり終えて、他界しました。

結び　皆様からも、弟についていろいろとお聞かせいただければと存じますので、席を別室に改めましてお願い申し上げます。

ここが ポイント

★喪主が挨拶できない理由はひと言簡潔に

喪主《もしゅ》が挨拶できない理由を述べるときに、「憔悴《しょうすい》しきっておりまして」とか「とても人前に立てる状態ではありませんので」などとあまり具体的に話すと、弔問客を心配させることになりますので、軽く触れる程度にします。

また、喪主との関係が聞く人にわかるように、簡単に自己紹介をしましょう。

妹を亡くした姉として（故人＝30代・事故死）

弔問客へのお礼

皆様、本日は美幸のためにご弔問くださいまして、本当にありがとうございます。私は、故人の姉で、藤田美奈子と申します。喪主である父は体調がすぐれませんので、失礼とは存じますが、私からご挨拶申し上げます。

死去の報告・心境など

皆様もご存じのように、妹は飛行機事故で三十一歳の若い命を散らしました。遺体が収容されるまで時間がかかりましたが、身元の確認ができ、こうして自分の家に帰れたことがせめてもの救いでした。美幸にもいろんな夢があっただろうにと思うと、ふびんでなりません。

皆様には、故人が生前に大変お世話になりました。心からお礼申し上げます。

結び

あちらにささやかな席を用意しておりますので、お召し上がりいただきながら、妹の霊を慰めていただければと存じます。今日は、本当にありがとうございました。

!! こんな表現法もある

喪主が挨拶できない理由

- 思いもよらないことで、母（喪主）の動揺がなかなかおさまりませんので、失礼ながら私が代わってご挨拶を……
- 本来なら喪主の父がご挨拶申し上げるべきところですが、父はあいにく体調を崩しておりますので、私が代わりまして……
- 喪主の母はなにぶんにも高齢でございますので……
- 喪主にあたる翔太郎は、なにぶん年少ゆえ、叔父の私が代わりまして……
- 母はあいにく床に伏しておりますので……

世話役代表の挨拶

故人の上司として（故人＝30代・殉職）

弔問客へのお礼　皆様、本日はお忙しい中を、故・岩本正道君の通夜にお運びくださいまして、まことにありがとうございます。私は、世話役を務めております、大山吾朗と申します。西消防署の副署長です。

死去の報告　故人のこのたびの勇敢な行動につきましては、皆様もご存じのことと思います。残念ながら、昨日の未明に息を引き取りました。

心境など　私は、死の危険を伴う行動をあえて美化しようとは思いませんが、それでもなお、岩本君のとっさの行動が、冷静な判断力と強い使命感に裏打ちされたものであることを考えますと、深い感慨を覚えずにはいられません。それだけに、悔しくてなりません。まして、ご遺族のご胸中はいかばかりかと存じます。

結び　別室に酒肴《しゅこう》の用意をしてございます。万感の思いを込めて、

ここがポイント

★世話役は遺族側に立つことをわきまえて

世話役は、故人や遺族との関係のいかんにかかわらず、遺族側の者と見なされます。したがって、故人や遺族に対して敬語を使うのは、誤りです。

ただし、故人や遺族を呼び捨てにするのも気がひけるという場合は、「○○君」「ご遺族」などとしても、それほど不自然ではありません。動詞についても、丁寧すぎない程度の敬語表現なら、聞く人に違和感を与えることはないでしょう。

故人を見送りたいと存じます。皆様、よろしくおつき合いくださいますようお願い申し上げます。本日は、まことにありがとうございました。

故人の友人として（故人＝70代・病死）

弔問客へのお礼 ひと言ご挨拶申し上げます。私は故人の古くからの友人で、世話役を務めさせていただいている野口と申します。

本日は、お暑い中を故・平沢浩介君のためにご弔問くださいまして、まことにありがとうございます。

死去の報告 平沢君は、かねてより入院加療中でしたが、一昨日深夜に容体が急変いたしまして、昨日の午前九時十分に他界いたしました。

心境など 平沢君の高潔で温和な人柄にほれ込んでいたのは、私ばかりではないでしょう。まことに惜しい人に先立たれてしまいました。

ご遺族のお気持ちも、察するに余りにあるものと存じます。今後は、皆様とともに、故人への恩返しのつもりで、ご遺族との交流をさらに深めていきたいと思っております。

結び 別室に席が整いましたので、ひととき、故人をしのびましょう。

こんな表現法もある

世話役として、遺族への支援を願うことば

- 残されたご家族に対しまして、今後ともどうか変わらぬご厚誼《こうぎ》をお寄せくださいますよう、お願い申し上げます。
- お子様をはじめご遺族には、これから先、なみなみならぬご苦労があるものと存じます。皆様には今後ともご支援ご高配を賜りますよう、私からもお願い申し上げます。
- 皆様、ご遺族の方々に、故人の生前と同様のおつき合いを賜りますよう、お願いいたします。

通夜ぶるまい終了時の挨拶

喪主として（宴の冒頭で挨拶をしている場合）

弔問客へのお礼 皆様、本日はご多用の中をご参集いただきまして、本当にありがとうございました。お陰さまで、父・春男の通夜を滞りなくすませることができました。

締めのことば まだまだお話をうかがいたいところではございますが、皆様お疲れのことと存じますので、このあたりで閉じさせていただきたいと存じます。

案内 なお、葬儀は、明日午前十時三十分から○○町の市立メモリアルホールで執り行いますので、お時間がございましたら、ぜひご会葬くださいますようお願い申し上げます。

結び 足元が暗くなっておりますので、どうかお気をつけてお帰りください。本日は、まことにありがとうございました。

？ここが知りたい

★お開きの挨拶をするタイミングは？

自宅で通夜ぶるまいを行う場合は、どこでお開きにすればよいか、タイミングをつかむのが難しいものです。しかし、葬儀を控えているのですから、夜遅くまで引き止めておくようなことは、お互いのために避けなければなりません。

通夜は午後六～七時ごろから始まり、九～十時ごろまでにお開きにするのが一般的ですので、それを目安にして、時間がきたらきちんと挨拶をするとよいでしょう。

喪主として（宴の冒頭で世話役が挨拶をした場合）

弔問客へのお礼　皆様、このたびは突然のことにもかかわらず駆けつけてくださいまして、本当にありがとうございました。故人も、皆様に会えてどれほど喜んでいるかしれません。故人に成り代わりまして、心からお礼申し上げるしだいでございます。

心境など　こうして皆様と語り合っておりますうちに、正直なところ少なからず動転していました私どもの気持ちも、だいぶ落ち着いてまいりました。皆様の温かいご配慮に、心から感謝しております。

締めのことば　まだご好意に甘えていたいところですが、十時を過ぎてしまいました。あまりお引き止めしてもご迷惑かと存じますので、そろそろお開きとさせていただきます。

案　内　明日は、午後一時三十分より当所にて葬儀を行いますので、よろしければ、最後のお見送りをしていただきたいと存じます。

結　び　だいぶ冷え込んでまいりました。どうかお気をつけて、ご帰宅くださいませ。本日は、どうもありがとうございました。

！ここがポイント

★喪主としての心境をひと言添える

通夜ぶるまいに先立って喪《も》主《しゅ》以外の人が挨拶をしている場合は、お開きの喪主の挨拶は比較的短くまとめてもかまいません。

ただし、終了する旨を事務的に伝えるだけでは、喪主が挨拶する意味がありませんから、弔問客への感謝のことばを心を込めて述べ、現在の心境などについてもひと言添えるようにしましょう。

親族代表として

弔問客へのお礼 皆様、本日は故・沼田謙一のためにお運びくださいまして、まことにありがとうございました。喪主《もしゅ》の父親がいささか疲れておりますので、私、故人の兄から、親族を代表いたしまして、ひと言ご挨拶申し上げます。

心境など 謙一は豪放で快活な男でしたから、こうして皆様のにぎやかなお声を聞かせていただいて、さぞ喜んでいることと存じます。弟にまことにふさわしいひとときにしてくださいまして、本当にありがとうございました。本人に代わって、厚くお礼申し上げます。喪主も、とても心強く感じていたようでございます。

締めのことば お話は尽きませんが、夜もだいぶ遅くなってまいりました。ご遠方の方もいらっしゃると存じますので、このへんで閉じさせていただきます。

結び どうか足元にお気をつけてお帰りくださいますよう。
本日は、どうもありがとうございました。

こんな表現法もある

心境などの表現

●皆様からいろいろな思い出話をうかがって、故人がどれだけ皆様からご厚誼《こうぎ》をいただいていたかを改めて知りました。とてもよい供養になったことと存じます。

●故人は病床で、残される子どもたちや私のことをあれこれ案じておりましたが、皆様から親身な励ましのおことばを頂戴《ちょうだい》して、まことにありがたく存じます。亡き夫も、どれほど安堵《あんど》しているかしれません。

世話役代表として

弔問客へのお礼 皆様、本日はご丁寧なお悔やみをいただきましたうえに、こうして故人をしのんでくださいまして、心から感謝申し上げます。

お陰さまで、通夜を滞りなくすませることができました。世話役代表として、遺族に成り代わりまして厚くお礼申し上げます。

心境など 遺族は、気丈さを失わずに事にあたっておりますが、一家の主人のいない今後は、さまざまな苦労に見舞われることと存じます。皆様のいっそうのお力添えこそが、遺族の大きな支えとなると存じますので、なにとぞご厚誼を賜りますよう、私からもお願い申し上げます。

締めのことば さて、夜も更《ふ》けてまいりました。あとは遺族の皆さんで守るそうでございますので、このへんでお開きとさせていただきます。

案内 明日の葬儀は、西方寺にて午前十時から始めることになっております。お時間の都合がよろしければご会葬くださいますよう、よろしくお願い申し上げます。

結び 本日は、ご多忙の中をまことにありがとうございました。

ここがポイント

★遺族への支援をお願いする

世話役代表の第一の役割は、儀式の手配・進行を喪主に代わって取り仕切ることです。

したがって、挨拶では通夜を滞りなくすませることができたことについての感謝のことばを盛り込むと、役目にかなった自然な挨拶になります。

また、遺族の悲しみや今後への不安などを思いやって、遺族を励まし支援してくださるように、弔問客にお願いすることばも盛り込みましょう。

ADVICE

●こんなことも知っておきたい

回し焼香の作法

仏式葬儀には、焼香と合掌がつきものです。これらは、故人の霊を清め、仏に帰依することを念じるための礼法とされていますから、心を込めて行いましょう。

焼香のしかたには、ひとりずつ祭壇の前に進み出て線香を立てる方法と、香炉を順に送って抹香《まっこう》をたく「回し焼香」の２通りあります。式場が狭かったり、参列者が多い場合は、回し焼香が行われます。

作法は宗派によって決まりがありますが、一般的な回し焼香のしかたを身につけておきましょう。

❶軽く会釈をして両手で香炉を受け取り、ひざの前に置く。

❷合掌してから、抹香を親指・人さし指・中指の３本でつまみ、目の高さにおしいただく。

❸抹香を静かに香炉に落とし、合掌して一礼。次の人に香炉を回す。

第4章

葬儀・告別式での会葬者の弔辞

遺族から弔辞を依頼されたら

弔辞は故人に贈る〝別れのことば〟

弔辞は、故人と親密な関係にあった人が、故人に贈る〝別れのことば〟です。故人に対するものですから、遺族や会葬者に向かってスピーチするのではなく、霊前に向かって語りかけます。

また、お祝いの席でのスピーチは、できるだけ原稿を持たずに話すことがマナーとされていますが、弔辞の場合は、巻紙などに書いたものを用意して、語り終えたら元どおりにたたんで霊前に捧げるのがしきたりです。これは遺族の手元に残すためですから、自分にしか読めないような乱暴な書き方をしないで、形式を踏まえてきちんとしたためることが大切です（82〜85ページの下段参照）。

弔辞の構成については、定型はなく、これを書かなければならないという決まり事もありませんが、次のような要素を盛り込むのが一般的です。

❶訃報《ふほう》に接したときの悲しみや驚き
❷故人の人柄や経歴、功績、エピソードなど
❸残された者としての現在の心境、今後の決意、冥福《めいふく》を祈ることば
❹別れのことば

このような組み立て方が基本ですが、順序にこだわる必要はありません。❷と❸を入れ替えてもよく、また四つの要素をすべて盛り込まなくてもかまいません。

最近は、弔辞の冒頭で、故人の名前を呼んでから❶に移るスタイルが定着しています。

個人葬では、「鈴木春男君」「山田良子さん」のように、フルネームに敬称をつけて呼びかけます。

教師や医師など、生前に先生と呼ばれていた人には、そのとおりに「太田晴彦先生」、会社の上司や取引先の人には、「山口正人部長」のように役職名(肩書)をつけるのがふつうです。弔辞の中では、「鈴木君」や「太田先生」のように、姓に敬称をつけるだけでかまいません。

弔辞を書くときに注意したいことは

長さとしては、三分前後で読み終えることを念頭に置きます。四百字詰め原稿用紙にして三枚ぐらいが目安ですが、人によって読む速さは違います。書き上げたところで実際に声を出して読んでみて、必要に応じて調整します。事前に世話役などから「何分ぐらいで」と指示があったら、それに従いましょう。

構成の基本については前述しましたが、あれもこれも盛り込もうとすると、必ず時間がオーバーします。ポイントを一つか二つに絞って、まとめるのがコツです。

故人の経歴や功績なども、とくに取り上げるべきものがあれば別ですが、必ずしも盛り込む必要はありません。

もう一つ重要なのは、葬儀がどの宗教に基づいて行われるのかを確認することです。「冥福、冥土、成仏、往生」などは仏教用語ですので、キリスト教式や神道の葬儀では用いることができません。「神に召される、昇天、安息」などは、キリスト教式の葬儀でしか使えません。故人の宗教がわからない場合は、喪家《そうか》側に尋ねましょう。

本番では、話しかけるように

弔辞は読み上げることが多いようですが、教科書のように淡々と読んだのでは心が伝わりません。

故人に呼びかけ、話しかけるような気持ちで臨むことが大切です。それでこそ、故人に捧げる〝別れのことば〟といえるのです。

基本スタイル ～古くからの親友へ

① 呼びかけ

寺田栄一君、こう呼びかけても、きみは振り返ってくれることも、笑いかけてくれることも、なくなってしまったのですね。いつも見ていたたくましい背中すら、もう見ることができません。

② 驚き・悲しみ

つい先日、久しぶりに会い、積もる話をして、「また会おうな」と言って別れたのに、まさかその三日後に事故で命を奪われ、このような形で再会することになろうとは……、痛恨のきわみです。せめて、きみの魂はまだここにいるものと信じて、お別れのことばを捧げます。

③ 思い出・人柄

寺田君、きみと初めて出会ったのは、中学二年生のときでした。市内中学校対抗陸上競技大会の百メートル走決勝で、きみが優勝し、私は二位。僅差《きんさ》ではなく、大差をつけられました。きみはそのとき、「勝敗は時の運だよ」と言い、私はそれをきみからのエールと思って、次の大会でも頑張りました。しかし、結果はいつも同じ。私がきみの前方を走ることは、一度もなかった……。

① 呼びかけ

一般的なパターンでは、冒頭でまず「弔辞」と述べ、それから故人の名前を呼びかけます。「○○さんのご霊前に、謹《つつし》んでお別れのご挨拶を申し上げます」のようなひと言を入れると、より丁寧な印象を与えます。

② 驚き・悲しみ

どのような状況で死亡したかによって、表現が大幅に変わります。

たとえば、長い闘病の末の死亡では、「驚きました」という言い方は不自然ですから、ことばを

こうして振り返ると、きみとの三十数年間が、走馬灯のように頭の中を駆けめぐります。あるときはカメラ、あるときはバードウォッチング、そして将棋。いろいろなことに興味をもち、しかもとことん究めるきみの生き方に影響されて、きみが何かを始めたら私も後を追う、その連続だったように思います。きみに会えなかったら、私は無趣味なつまらない男として一生を終えていたかもしれません。

④ 心境など

きみはいつも私の前を走り、そして人生でも、こうして先に逝《い》ってしまった。私の前に、もうきみの姿はありません。悲しみとともに、心細さが募ります。しかし、いつまでもその思いにとらわれていたら、頼りないやつだと笑われそうですね。せめて、人生の長さだけでも、きみを超えさせてもらいます。

私はこれから、きみのさわやかなスポーツマンシップと、バイタリティーを思い出しつつ、生きていきます。きみには、高いところからご家族の皆さんと私たちを見守っていてほしい。そう願っています。

⑤ 結び

寺田君、たくさんの思い出をありがとう。どうか安らかにお眠りください。さようなら。

選びましょう。

③ 思い出・人柄

エピソードを簡単に添えて、故人との思い出や人柄を紹介しましょう。自分との関係を踏まえて表現することが大切です。

エピソードは、枝葉末節的な部分を切り捨ててまとめましょう。

社葬・団体葬の場合は、ここで故人の業績や経歴に触れることがあります。

④ 心境など

悲しみの気持ちを、素直に、そして暗くなりすぎない表現でまとめます。

⑤ 結び

故人の冥福《めいふく》を祈り、別れの挨拶をします。

友人・メンバー代表の弔辞

大学時代からの友人へ（故人＝30代・急死）

呼びかけ　足立和彦君のご霊前に、謹《つつし》んでお別れのことばを申し上げます。

驚き・悲しみ　足立君、きみの早すぎる訃報《ふほう》に接し、ぼくはただ茫然《ぼうぜん》とするばかりです。大学卒業後、きみは故郷の秋田に戻って役場に就職し、ぼくは東京で会社員になりました。それぞれ違う道に進んでも、年賀状に「今年もぜひ会おう」と記し、必ずそれを実現してきました。そして、お互いに家庭をもち、今年は家族ぐるみで会おうと約束していたのに……。このような形で顔を合わせることになろうとは、悲しさと悔しさで胸が締めつけられる思いです。

思い出・人柄　きみは覚えているだろうか。いつかぼくはきみを評して、「風のような男だ」と言ったことがありましたね。あれは、きみの人との

!ここがポイント

★節度のある呼びかけを

故人と親しければ親しいほど、日ごろの呼び方は無遠慮だったはずです。呼び捨てにしたり、あだ名で呼んだり、男性なら「おまえ」と呼ぶこともあったでしょう。しかし、弔辞では基本的に、「○○君・△△さん」「きみ・あなた」と呼ぶようにすべきです。

親しさを表すために呼び捨てにする場合は、「このような場ですが、いつもどおり○○と呼ばせてください」と断ります。遺族が聞いていますから、失礼のないように配慮します。

接し方を見て思ったことでした。ふだんは人を包み込んでここちよくさせますが、曲がったことを言う人には、台風のような勢いで立ち向かっていく。きみのそういう生き方は、風のように自然で、ぼくにはうらやましいくらいでした。私も会社では中間管理職となり、上と下との板ばさみになってつらい思いをすることがあります。そんなときはきみを思い出して、風になろうと自分に言い聞かせていました。しかし、実際にはなかなかなれるものではありませんでした。

心境など そんな話も今度会ったときにゆっくり聞いてもらい、助言をしてほしいと思っていたのに、本当に残念でなりません。

きみも、奥さんの典子さんと幼い弘人君を残して逝《い》ってしまうのは、どれほど無念だったことだろう。悲しみに沈む典子さんにおかけすることばもないのですが、せめて今夜は、ここに集まった旧友たちときみの青春時代の思い出話をして、典子さんをお慰めしたいと思います。

結び きみの亡きあとは、われわれにできるかぎりの応援をさせていただくつもりです。きみも天空からみんなを見守っていてください。

足立君、かけがえのない友情と思い出をありがとう。つらいけど最後の別れを言わなければなりません。さようなら、どうか安らかに……。

★遺族の胸中に踏み込む表現をしない

弔辞では、遺族の悲しみをさらに増幅させるような表現は、できるだけ避けなければなりません。

遺族の思いを代弁するような表現も、僭越《せんえつ》ですから避けましょう。

ただし、「悲嘆に暮れ、無念に思っているご遺族を支えていくから安心してほしい」という形で故人に語りかけるというのも、ひとつの表現方法です。そのような場合でも、感情を抑えた簡潔な表現をすることが必要です。

高校時代からの友人へ（故人＝20代・事故死）

呼びかけ

親友・伊藤早紀さんに、惜別のことばを捧げます。

驚き・悲しみ

あなたについての悲しいお知らせを受けたとき、私は、あなたの旅先から届いた絵はがきを読み返していたところでした。すぐには信じられず、本当に事故が起きてしまったのだとわかった後も、まさかという思いが消えませんでした。夢であってほしい、大声で泣いてしまったら、夢が現実になってしまいそうだ、そんな思いに今も駆られています。

思い出・人柄

あなたと私は、県立藤が丘高校で出会いました。席が隣同士になったのがきっかけで、私が「これからよろしくね」と声をかけたら、あなたは、「にこっ」とかわいい笑顔で応えてくれました。

そう、あなたの表情には、いつもそのほほえみが添えられていました。「わからないところを教えて」と言っても、「日曜日にショッピングにつき合って」と言っても、いつも「にこっ」と笑顔で応えてくれました。

そんなあなたは、気持ちも温かく穏やかで、小さなことで落ち込みが

ここがポイント

★エピソードの扱い方

弔辞の中では、故人の人柄（経歴・業績）を、エピソードを交えて紹介するのが一般的です。

それは、故人の生前の姿をしのぶという意味も、含んでいるからです。

エピソードは、故人の人柄がよく伝わるものを選びますが、細かく語る必要はありません。

また、どんなに親しかったとしても、故人の名誉を傷つけるような失敗談や、マイナス・イメージにつながるエピソードを紹介することは慎みましょう。

ちな私は、何度救われたことでしょう。
あなたは、たった一度、失恋をしました。それを私に打ち明けてくれたときも、話し終わったら「にこっ」としたのです。私だったら、その場で人目もはばからずに泣いたでしょう。でもあなたは、私に心配させまいとして、涙ではなく笑顔を浮べました。その笑顔の中に、何かとても強いものを感じました。

心境など 七月二日の突然の出来事は、この世から宝物をひとつ消してしまいました。宝石よりもっとすてきな笑顔を、奪ってしまいました。でも、私の心の中では、あなたはずっと光り輝いています。
私は、あなたからいただいたすばらしい贈り物を胸に、これからの人生を歩いていきます。そして、あなたが態度で教えてくれた、「どんなときも相手の気持ちを先に考える」ということを実行していこうと思います。あなたにはとてもおよばないでしょうけれど……。こんな私を、いつも見守っていてくださいね。

結び 早紀さん、これまで本当にありがとう。何万回言っても言い足りませんが、心からの「ありがとう」をあなたに捧げ、お別れのことばといたします。早紀さん、どうか安らかにお眠りください。

こんな表現法もある

人柄を表すことば

- 冷静沈着な人
- 誠実で律儀《りちぎ》な人
- 慎重でひたむきな人
- 謙虚さを失わない人
- だれからも信頼される人
- 統率力のある人
- スケールの大きい人
- 兄(姉・親)のような人
- 温厚で誠実な人
- 大胆で豪放な人
- 臨機応変に行動する人
- 好奇心に富んだ人
- 明るさを失わない人
- だれからも好かれる人
- つねに気配りを忘れないやさしい人
- 何事も前向きに考える人

幼なじみの級友へ（故人＝60代・病死）

呼びかけ 杉山武雄君、いや、これではまるで他人に話しかけているようです。このような場ですが、これまでと同じように、「ブユウ君」と呼ばせてください。

驚き・悲しみ ブユウ君、きみの訃報《ふほう》に接したとき、私はほとんど驚きませんでした。それはそうでしょう。きみはこれまで、私になんでも話してくれた。病に侵されていることも、そしてそれが、決して軽いものではないこともね。だから、私なりの覚悟をすることもできたのです。

驚きはしなかった。しかし、悲しかった。唯一無二の親友が逝《い》ってしまったのだから。どんなに覚悟をしていても、こればかりは抑えようがありません。

思い出・人柄 小学生のころは、私もわんぱくでしたが、きみも私以上に活発でした。あのころはいろんな悪さをしました。そして中学生になっても、私はまだ「悪ガキ」のままでしたが、きみは風紀委員会に入り、三年生になると委員長になってしまった。いわば、敵《かたき》同士です。

ここがポイント

★冷静な語り口に撤する

有名人の告別式で、たとえば「○○（故人名の呼び捨て）のバカヤロー！　なんでおれに無断で逝きやがったんだ！」などと、大声で弔辞を述べる光景を目にすることがあります。

劇的な印象を感じさせる効果はあるかもしれませんが、一般人がそのような語り方をすると、芝居がかって見られがちです。

下手をすると、遺族の悲しみをあおる結果さえ、招きかねません。弔辞は、冷静な語り口に撤するように心がけましょう。

しかし、実際にはそうではありませんでした。きみはやたらに校則や生徒心得などを振り回さないのに、いつの間にか相手を従わせてしまう、不思議な力をもっていました。位負けというのだろうか、落ち着きはらった態度や実力に圧倒されて、私もきみには逆らうことができなかった。きみは、ブユウ君という名前そのままの男でした。

そのブユウ君がとうとう逝ってしまった。私ももうすぐ行くから、などと口にしたら、きみはきっと「女々《めめ》しいことを言うな」と、私をたしなめるでしょう。位負けしたままのお別れです。

心境など

小学校以来、約六十年。今、私はきみとのこの六十年間をゆっくりと振り返っています。きみとの思い出の数は、おそらくほかの級友のだれにも負けないでしょう。それを、大いに誇りに思います。誇りの気持ちをかみしめながら、今夜はひとりで別れの杯を傾けるつもりです。涙酒などには絶対にしません。だから安心して、きみもそちらで一杯やってください。当分は、こんな形で酒をくみ交わすことになりそうですね。それもいいではないですか。

結び

ブユウ君、杉山武雄君、いよいよお別れです。きみのご冥福《めいふく》を心から祈っています。さようなら。

★「です・ます調」を基本にまとめる

弔辞の表現法は、「です・ます」などの敬体を使うのが基本です。

故人との関係の深さによっては、あまり丁寧なことばづかいをすると、かえって不自然に感じられることもありますから、「だ・である」などの常体を用いることもあります。

しかし、弔辞全体を常体でまとめるのは好ましくありません。要所要所で使いながらも、全体としては「です・ます調」でまとめるようにしましょう。

姉妹のように仲のよかった友人へ（故人＝50代・急死）

呼びかけ 遠山綾子さんに、お別れのことばを申し上げます。

驚き・悲しみ 綾子さん、あなたに、今日、このような形でお別れをすることになるなんて、とても信じられないことです。どんなことでも包み隠さず言い合えた仲なのに、このように肝心なときに何も言わないで逝《い》ってしまうなんて……。ただ立ちつくすほかありません。先週の日曜日に、ふたりで「ユトリロ展」を見に行って、駅でお別れしたときのあなたの姿が、何度も何度も私の頭に浮かんできます。

思い出・人柄 綾子さん、あなたと私は、親友というよりも、まるで姉と妹のようでしたね。年齢からいえば、私がお姉さんということになるのですが、実際のところはその逆だったようです。共通の趣味になったパッチワークも、誘ったのは私だったのに、上達するのはあなたのほうが早くて、私は焦りを覚えるほどでした。

あなたは、単に技術的なことだけでなく、パッチワークの歴史についても、深い知識をおもちでした。いくつになっても好奇心を失わず、向

？ここが知りたい

★弔辞の書き方

正式には、巻紙に薄墨で筆書きします。弔辞用紙が市販されていますから、それを利用してもかまいません。弔辞の最後には、必ず日付と署名を記します。

上包みは奉書紙《ほうしょし》を使い、「弔辞」と表書きします。

なお、略式として、白無地の便箋《びんせん》に弔辞を書き、白封筒に入れるという方法もあります。

弔辞は、式後に遺族宅で保存されるものですから、弔辞の本文も表書きも、楷《かい》書《しょ》体で丁寧に書くことが大切です。

上心も人一倍強くて、いつまでも若々しく、生命力に満ちていました。

心境など

それにしては、逝《い》ってしまうのがあまりにも早すぎたようです。でも、すばらしいご主人と結婚されて、おふたりで家業の呉服屋さんを盛り立ててこられました。三人のお子様も立派に育てあげられ、かわいいお孫さんの顔を見ることもできましたね。

思えば、綾子さんは綾子さんなりに、ご自分の生命力をもう十分に発揮したのであって、なんの心残りもないのかもしれません。そのように推し量れば、私もこの悲しい出来事を、かろうじて受け入れることができます。

どんなことでも聞いてもらえるあなたに、突然いなくなられて、私は本当に寂しい。でも、これからも、あなたにはなんでも話していこうと思います。住む世界は違ってしまいましたが、きっとできるはずです。そう信じています。綾子さん、できますよね。

結び

いつまでも感傷にひたっていたら、旅立つあなたの足手まといになってしまいます。ですから、思い切ってお別れを申し上げます。綾子さん、今までありがとう。そしてさようなら、心安らかに永眠されますことを、お祈りいたします。

★弔辞の包み方

①奉書紙に書き、左から巻くか、三つ折りにする

②別の奉書紙の中央部分に置き、右、左、下、上の順に折って「弔辞」と表書きする

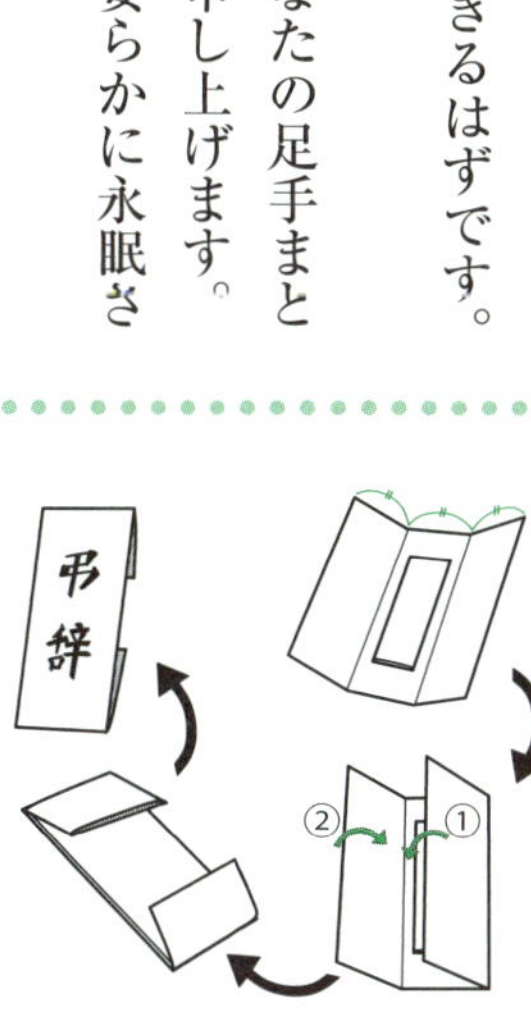

スポーツ仲間へ（故人＝30代・急死）

驚き・悲しみ

永山洋子さん、私はまだ、「これは何かの間違いだ」という気がしております。あなたの人をホッとさせる笑顔、耳にここちよい澄んだ声。そんなあなたが、二度と会えない遠いところに逝《い》ってしまったなんて、私は今、深い悲しみと虚脱感でいっぱいです。

思い出・人柄

永山さん、あなたは本当に努力の人でした。テニスでペアを組んで、四年以上になりますね。レシーブ力が弱いからと言って、反復横跳びをあきれるほど続けていたあなた、深夜にラケットの素振りを延々と続けて、ご近所から文句を言われたと苦笑いしていたあなた……。練習をしすぎて、足を疲労骨折したこともありましたね。

目を閉じると、頑張り屋のあなたの姿が、次々と浮かんできます。そんなあなたに、生来がのんびり屋の私も、ずいぶん触発されました。あなたにはかなわなかったけれど、私なりに頑張ったら、ふたりで市のスポーツ祭の準決勝まで進出できました。あなたとペアを組めて、本当によかったと思っています。永山さんがいてくれたからこそ、得られた感

？ここが知りたい

★弔辞の開き方

①上包みを開いて、弔辞を取り出す

②上包みの上に弔辞をのせ、右手で開きながら読んでいく

③読み終えた部分は、そのまま右側に垂らすか、そのつどたたんでいく

動でした。

心境など あなたが急に逝ってしまって、一緒に同じコートに立つことができなくなりました。あなたの力強いサーブを見ることも、できません。私がテニスを楽しむことができたのは、あなたとペアを組めたからこそだったことを、今、痛感しています。

私の思いばかりを口にして、ごめんなさい。あなたの後ろ髪を引くようなことばかり言って、本当にごめんなさい。

あなたは、やさしいご主人と、かわいいお子様を残して先立つことになり、どれほど心残りだったことでしょう。ご遺族の皆様のご心中も、いかばかりかと存じます。でも、あなたとともにあったご家族ですもの、きっと手を取り合って、この悲しみを乗り越えていかれるはずです。

私もまた、あなたとともにあったひとりです。この現実を、しっかりと受け止めて生きていきます。どうか、安心してください。

結び 永山さん、これまで本当にありがとうございました。私はあなたと一緒に汗を流した日々を生涯忘れません。今しばらくはラケットを握る気になれない心境ですが、くじけないように応援してください。

あなたの御霊《みたま》が安らかでありますよう、お祈りいたします。

★弔辞の読み方

①霊前で一礼し、進み出て遺影と正対してから再度一礼する

②「弔辞」と述べてから、読み始める

③読み終えたらたたんで、霊前に向けて置き、下がって一礼する

趣味の会の仲間へ（故人＝50代・急死）

呼びかけ　堀田育子さん、今、こうしてあなたに弔辞を捧げていることさえ、私にはまだ信じられない思いがしております。

驚き・悲しみ　あなたは、今月の野鳥観察会を、ことのほか楽しみにしていらっしゃいました。いつもフィールドにしているところでなく、今回は奥秩父へ足を延ばそうと計画していましたのに、そしてあなたご自身が計画づくりの中心になっていらしたのに……。本当に悔しくてなりません。せめて予定が二週間早かったらなどと、繰り言ばかりが頭をよぎります。

思い出・人柄　堀田さん、あなたが私たちの会に入会されてから、九年がたとうとしています。私たちは、鳥を見て、そのさえずりを聞いていればそれで満足でした。私たちもそうでしたが、振り返ってみると、あなたには、鳥に対する深い愛があったように思います。

その愛が、鳥たちのすみかを守りたいという熱意になり、その熱意が私たちを動かし、多くの人々の心を動かし、そしてとうとう市議会まで

ここがポイント

★ちょっとしたエピソードでも活用できる

趣味の会というのは、ともに楽しむことを前提にした集まりですから、上の例のように、活動を通じてなんらかの成果を得たというエピソードが、必ずあるとは限りません。

その場合は、故人の活動の様子から、その人間性がありありと浮かぶようなエピソードを探して、盛り込むようにします。

自分だけが知っているちょっとしたエピソードでも、故人らしさが表れるものなら、活用できます。

動かすことになりました。私たちは市の東部に野鳥のサンクチュアリづくりを進めてきましたが、その原点はあなただったのです。

市議会でその条例が可決されようとしている今、あなたは、それを見届けることなく旅立ってしまいました。ともに手を取り合って、夢の実現を喜びたかったのですが、このようなことになり、本当に残念です。でも、きっとあなたは、楽しかった野鳥観察会のいろいろな思い出にひたりながら、旅路につかれたことでしょう。そう信じています。

心境など「鳥って、いいな」というのが、あなたの口癖でした。もしかしたら、あなたは今、鳥になったのかもしれません。翼を得て、大空へ羽ばたいていった、そんな気がしてなりません。あなたのご他界は本当につらく悲しいことですが、青空で舞うあなたを想像すると、少しは救われる気がしてきます。もし渡り鳥になられたのなら、毎年、私たちのところへ飛んできてください。

結び　堀田さん、お別れのことばを申し上げなければなりませんが、それ以上に申し上げたいことばがあります。長い間、本当にありがとうございました。お疲れさまでした。どうか安らかにお眠りください。心からご冥福《めいふく》をお祈りいたします。

こんな表現法もある

「死」は別のことばに言い換える

「死」ということばは、生々しい印象がありますから、できるだけ別の表現にしましょう。

- 一般的な表現
  逝去《せいきょ》／永眠／死去／不帰《ふき》（の客となる）／急逝
- 若い人が死んだ場合
  夭折《ようせつ》／夭逝／早世
- 仏教の用語
  成仏／往生／鬼籍《きせき》（に入《い》る）
- キリスト教の用語
  昇天／召天／帰天
- 神道の用語
  帰幽

若くして逝った友人へ（故人＝20代・自殺）

呼びかけ

飯沼君、いったい何が起きたのだと、すれ違う人のすべてに問いかけたいような気持ちです。

驚き・悲しみ

突然聞かされたきみの悲報に、大きな衝撃を受けました。頭の中が真っ白になって、涙も出ないほどでした。

その衝撃が驚きになり、悲しみになり、そして何よりも、ぼく自身に無力感をもたらしました。

心境など

飯沼君とは、無二の親友でした。ぼくは心底そう思ってきました。きみもまた、そうであったと信じています。

それなのに、ぼくはきみに対して、なんの力にもなってあげられなかった。きみが抱えていた心の苦しみを、分かち合うことができなかった。無力感という以外に、今の心境を表すことばが見つかりません。

思い出・人柄

ぼくは今、自分を責めたい思いでいっぱいです。でもきみは、こんなぼくを見たら、少し不機嫌な顔をするかもしれません。そして、こう言うでしょう。「おまえに非があるわけではない。おれひと

ここがポイント

★自殺の場合の弔辞で気をつけたいこと

自殺した人に対する弔辞でいちばん大切なことは、自殺の理由に言及しないことです。取り返しのつかないことですし、遺族や故人の死にかかわりのある人の心に、いっそうの悲しみを与えることになってしまうからです。

また、故人を責めるような表現もふさわしくありません。自分が受けた衝撃については、ほかの会葬者も同じ思いでしょうから、あまり感情的な表現は控えるべきです。

りの問題だ」と。

きみには、そのようになんでも自分ひとりで背負い込むところがありました。しかしぼくには、きみがそういう人間だからこそ、だれよりも頼もしく見えたし、全幅の信頼を寄せていました。確かに、近ごろのきみはなんだか元気がなかった。それでも、限りなく頼もしいきみのことだから、大丈夫だと気にもとめなかった。楽観的に考えていたのです。いくら自分を責めても責めきれない思いです。なにが親友だと……。いや、こんな後ろ向きのことばかり口にしては、またきみにいやな顔をされそうだから、これ以上は慎みます。

心境など ぼくは、こう思うことにしました。きみは、きみ自身で決断を下し、人生を全《まっと》うしたのだと……。きみの人生は短かったけれど、完全燃焼したのだと、ぼくは信じます。

結び それでも、ぼくが自分の気持ちを十分納得させるには、もう少し時間が必要です。きみとくみ交わすつもりで、今晩も明晩も一杯やりながら心を整理します。安心してください、きみにつき合えなどとは言いません。きみにお別れを言うくらいの気力はあります。

飯沼君、きみの魂の安らかなることを祈っています。

? ここが知りたい

★弔問・会葬に行けないときは弔電や弔慰状を

訃《ふ》報《ほう》を受けても、なんらかの事情で通夜や葬儀に出席できないときは、弔電を打ち、早い機会に弔慰状(お悔やみ状)を出します。

弔慰状の基本的な構成は、①訃報を受けての驚きや悲しみ、②故人の冥《めい》福《ふく》を祈ることば、③遺族を慰めることば、の順になります。時候の挨拶や結語は不要です。香典を送るときは、その旨を書き添えます。香典は、香典袋に入れ、現金書留として手紙と一緒に送ります。

職場・学校関係者への弔辞

会社を発展させた専務へ（故人＝60代・病死）

呼びかけ　須藤浩二専務のご霊前に、社員一同を代表して、謹《つつし》んでお別れのことばを申し上げます。

驚き・悲しみ　須藤専務、私たちは専務の悲報に接し、等しく深い悲しみに包まれております。専務は、病床につかれてから、ご自身の病状を随時具体的に、私たちに伝えてくださいました。そして、近いうちにこの日を迎えなければならないので覚悟を固めよとのおことばが、最後のご指示であることを私たちは存じておりました。それでもなお、この現実に正面から対峙《たいじ》することはできない思いがしておりました。

業績　須藤専務は、創業者である現会長と現社長に請《こ》われて、わがパシフィック・システムズ株式会社に入社され、社内外の期待に十分に応えられ、社業発展に尽力されました。専務は、入社された当時、まだ

！ここがポイント

★業績と人柄をたたえる表現は切り口を変えて

故人の業績や人柄をたたえ、また故人が周囲の人に対してどれだけ影響力をもち、深くかかわっていたか、さらには社会や会社にどれだけ貢献してきたかを示すことは、同時に故人をしのぶことでもあります。

業績と人柄にはつながる部分もありますが、たとえば公と私、大事と小事というように、視点や切り口を変えて表現するなど、話が不明瞭にならないように工夫しましょう。

一般化していなかったオフィスのオートメーション化にいち早く着目され、オフィス改造工事を実行に移されました。この分野でわが社が業界をつねにリードし続けることができましたのは、須藤専務の先見性と行動力のたまものであったといえましょう。

思い出・人柄 須藤専務は、また卓越した指導力の持ち主でもいらっしゃいました。私たちは専務に徹底的に鍛え上げられ、〝須藤軍団〟と称されるようになりました。若輩だった私たちは専務を〝鬼〟と呼んでいましたが、部下の一人ひとりの能力・適性を的確に見きわめて指示を出されましたから、社員は皆、それぞれの役割を十分に果たすことができました。そして、自分に優れた能力が備わっているかのような錯覚を覚えたことも、一度や二度ではありません。専務こそが私たちの活動力の基盤であったことを、今、痛切に実感しております。

結び 途方に暮れている私たちではありますが、専務、どうかご安心ください。社員一同は、ご遺志をしっかりと受け継ぎ、須藤軍団が不滅であることを、社内外に示し続けてまいる覚悟をしております。

須藤専務、本当にありがとうございました。ご冥福《めいふく》を心からお祈り申し上げます。

★故人の人柄を語るとき気をつけたいこと

親しみのあまり、あるいは逆に畏敬《いけい》の念を示したいばかりに、聞きようによっては故人のマイナス・イメージにつながるような表現を、してしまうことがあります。上の例では、〝鬼〟という表現がそれにあたります。このようなことばを使うときは、故人をとがめていると思われないように、前後の表現に気を配りましょう。

長年、苦労をともにしてきた上司へ（故人＝50代・急死）

呼びかけ 横山吾朗部長、こうして祭壇を見上げ、部長の遺影を仰ぐことになろうとは、想像さえできないことでした。

驚き・悲しみ このようなとき、だれよりもしっかりと足を踏んばっていなければならないはずの私ですが、身も心も宙に浮いたような頼りなさから、抜け出すことができません。部長、このあまりにも突然の悲しい出来事を、すんなりと受け止めることは、とても無理です。それでも部長、この私をお叱りになりますか。

思い出・人柄 横山部長は、よくカミナリを落とされましたね。私が最初に大きなお叱りをいただいたのは、当時は営業第一課長であった部長のもとに配属されて、初めての夏のことでした。私がご自宅にお中元の品をお送りしたところ、部長は烈火のごとく私を叱りつけました。「しなくてはならない配慮と、すべきではない配慮との区別もつかないのか」と。そして、こう続けられました。「私は職務としてきみを指導しているんだ。そのことに恩義を感じているとしても、こういう形で返しては

ここがポイント

★目をかけてもらったことを強調しすぎない

弔辞を読む人は、ごく限られています。上司への弔辞を依頼される部下は、それなりの理由があって選ばれたはずです。故人からとくに、目をかけられていた人かもしれません。

いずれにせよ、選ばれた理由は多くの人が察しているのですから、そのことを強調しすぎないようにします。

いかん。返したい気持ちがあるなら、仕事で返すべきではないのか」と。私が、ずっとこの人についていこうと決心したのは、その瞬間でした。

一か月ほど前、部長は「一杯飲もう」と言って、私を誘ってくださいました。その折に部長は、「きみと苦楽をともにして、何年になるかな」とつぶやかれました。私は、〝苦楽をともに〟と言ってもらえたことがうれしくて、喜びにひたっていましたが、あるいはあのとき、部長は今日という日の来ることを予感されていたのかもしれません。それを、私に言外《げんがい》に告げようとされたのでしょうか。ただ喜んでいるだけだった自分の浅はかさを、恥ずかしく思っております。

心境など 横山部長、正直申し上げて、私はまだ、この事態を信じることができかねます。しかし、受け止めなければなりません。〝苦楽をともに〟とのあのおことばを私の〝勲章〟として、今は亡き横山部長のご遺志を、あなたの部下一同とともに、しっかりと受け継いでまいります。

結び どうか、これからは高いところから、私たちをお見守りください。いよいよお別れです。ご冥福《めいふく》を心から祈っております。

横山吾朗部長、本当にありがとうございました。安らかにお休みください。

こんな表現法もある

呼びかけに続けることば（急死の場合）

- ○○さん、突然の出来事に思いも定まらないまま、お別れのことばを捧げます。
- ○○さん、茫然《ぼうぜん》としつつ弔辞を捧げる無礼を、どうかお許しください。
- ○○さん、事態を信じるに至らないまま惜別の辞を申し述べなければならない私の心情を、どうかお察しください。
- ○○さん、このたびのこと、さぞ悔しくお思いのことでしょう。私たちもまったく同じです。

机を並べてきた同僚へ（故人＝30代・事故死）

呼びかけ　勝野雄一郎君、勝野君、ユウさん――どう呼びかけても、きみはもう応えてくれないのですね。

驚き・悲しみ　このたびの突然の悲報に、私は体が震えるのを、どうしても抑えることができませんでした。

思い出・人柄　勝野君、きみと私は、平成○年入社の同期生でした。同じ部署に配属され、机を並べて、○年間、時間を共有してきました。きみはバリバリと仕事をこなし、私もそれに刺激されて仕事に没頭しました。また、きみはよくみんなを笑わせてくれました。ムードメーカーということばがピッタリでした。

上司から、「きみたちはよきライバルだ」と言われたことがありましたね。しかし、私は勝野君と競争しているという意識はなかった。きみもまた、同様だったでしょう。性格も違うし趣味も違う、それでいてウマが合うという不思議な仲でした。この悲しみの場にあって頭をめぐるのは、きみとの楽しかった思い出ばかりです。

ここがポイント

★悲しみを強く表すときは短いことばで

驚き・悲しみの気持ちを表現したいときは、故人に対する思いをそのまま書けばよいのですが、延々と悔やみ言を述べるようなことは慎みましょう。

遺族の無念さをさらに深めることのないように、できるだけ短くまとめて切り上げ、話を展開させるようにします。

心境など しかし、今、正直なところ、こんなにも突然に逝《い》ってしまったきみを責めたい気持ちです。私は、右隣のきみの机に飾られている白い花など見たくない。きみの左の横顔を見たい。切にそう思う。でもこれは、私のはかない願いにすぎないことですね。

ひとつ、頼みがあります。きみの机の上に貼ってあった小さな紙、筆で「快」と書いてあるあの紙を私にください。きみは、「快という字には、こころよい、さわやかだという意味のほかに、鋭い、速いという意味もあるらしい。どうだ、いい字だと思わないか」と言っていましたね。

きみの人柄も仕事ぶりも、まさに「快」そのものでした。きみがいなくなってしまった今、せめて私が「快」をめざしたい。そうすることで、私なりにきみをしのびたい。それが、きみの供養にもなればと思っています。

結び きみの身に起きた不慮の事故は、ご家族の今後にも大きな影響をもたらすことです。ご家族の今後について、さぞ不安に思っていることでしょう。力不足は承知のうえで、私なりに、いや職場のみんなとともにできるかぎりの支援をさせていただきます。どうか、心安らかにお眠りください。ユウさん、勝野雄一郎君、さようなら。

？ここが知りたい

★故人を責める表現をしたときは

弔辞では、故人を責める表現を用いないのが原則ですが、自分の正直な気持ちとして、どうしてもそうした気持ちを盛り込みたいときは、ごく短くまとめるようにします。

そして、責める気持ちが生じたのは自分のわがままさゆえのこと、というニュアンスのことばを添えるようにします。責めることを主題にしてはいけません。

部・課長から部下へ（故人＝20代・急死）

呼びかけ　沢田雅彦君のご霊前に、謹《つつし》んで哀悼の辞を捧げます。

驚き・悲しみ　沢田君、こうしてきみの遺影の前に立つことなり、まことに残念でなりません。これは、上司としてというより、職場で喜びやつらさを分かち合ってきた仲間としての思いです。きみの同僚も、先輩・後輩も、同じ思いで悲しみに耐えています。

思い出・人柄　沢田君、きみとのつき合いは、それほど長くはありませんでした。しかし、きみが残してくれた思い出は、決して少なくありません。私でさえそうなのですから、親しく接していたきみの同僚や先輩・後輩たちの記憶には、じつにさまざまな思い出が刻み込まれているはずです。

私が沢田君に対して最初に鮮烈な印象を抱いたのは、きみがまだわが社に採用される前のことでした。採用試験の作文の課題は、「私の仕事観」でしたね。きみはこの課題に、「一〝字〟が万事」と副題をつけていました。一事の「事」が文字の「字」に置き換えてある。読み手の関心をおおいに引

!! こんな

表現法もある

部下を評価することば

- だれもが一目置く逸材
- 斬新な発想力の持ち主
- 洋々たる前途を期待させる人材
- 驚くほどの粘り強さ
- 並みはずれた向上心
- 冷静な分析力と判断力
- 群を抜く行動力
- 穏やかでだれにも愛される人柄
- 温厚である反面、事あるときの押しの強さにはだれもが舌を巻く……
- 実直で信頼感抜群の人
- 口数が少ないだけに、そのひと言ひと言には重みがあり……

くサブタイトルです。論旨は、「事務職は、一字を大切にすることが重要である。一字の扱いをおろそかにすれば、すべてに悪影響を及ぼしかねない。一字を大切に考えれば、創造性も生まれてくる」というものでした。必ずしも論理的ではありませんでしたが、決められたことを、決まった方法で着実にという答案が多い中で、これは十分に光っていました。とくに、「創造性」に言及していた点が異色でした。

きみの仕事ぶりは、期待を裏切りませんでした。確実で、工夫が感じられ、私も仕事の合理化を進めるうえで、しばしばきみのアイデアを頂《ちょう》戴《だい》しました。そんな有能な部下が、急逝《きゅうせい》してしまったのです。

心境など 今、私は、みずからの体の一部をもぎ取られたような思いにとらわれています。大きな痛みをも感じています。ご遺族の皆様のことを思いますと、お慰めのことばも見つかりません。ひたすらご自愛を願うばかりです。

結び 私たちがここで力を落としてしまっては、きみも安心できないでしょう。心を決めてきみにお別れのことばを告げ、私たちも沢田君のいない職場を再構築していきます。

どうか、心安らかにお眠りください。沢田雅彦君、ご冥福《めいふく》を祈ります。

ここがポイント

★弔辞はゆっくりと低い声で読む

葬儀・告別式では、感情が高ぶりがちです。まして弔辞を朗読する立場になると、緊張感も重なって、朗読する声がうわずりがちです。それを防ぐには、まずゆっくりと読むようにします。そして、声の調子を低めに保ちます。

悲しみで胸がいっぱいになり、ことばに詰まっても、あわてる必要はありません。だれもが状況を理解してくれていますから、ひと呼吸置いて心を落ち着けてから語り出しましょう。

教育熱心だった恩師へ（故人＝60代・病死）

呼びかけ　村上孝一先生のご霊前に、教え子を代表して、お別れのご挨拶を申し上げます。

驚き・悲しみ　村上先生、今日の再会がこのような場所になろうとは、思いもよらないことでした。春先に行われたクラス会に、先生は「少し体調を崩しているから」とのことで、欠席されました。先生のご欠席は初めてのことでした。さっそく病院のほうへお見舞いにうかがうと、そこにはいつもどおりの穏やかなお顔がありました。今、拝見しているご遺影そのままのお顔でした。それなのに……。心の乱れを抑えるすべさえわからない状態です。

思い出・人柄　村上先生は、よく補習授業をしてくださいましたね。それも、ほとんど個人指導に近い形の補習でしたから、とてもわかりやすく、一度あきらめかけていたことが理解できたときのうれしさは格別でした。

先生は、また補習を受ける生徒が抱きがちな劣等感を払拭《ふっしょく》できるよう

ここがポイント

★恩師への弔辞では感謝の気持ちを主体に

恩師とは、いうまでもなく、教えを受け、お世話になった先生です。その恩師に捧げる弔辞ですから、単に冥福を祈るだけでなく、感謝の気持ちを述べることが不可欠です。

エピソードを探す場合も、感謝の表現へつなげることができる出来事を選ぶと、弔辞全体のまとまりがよくなります。

な配慮もしてくださいました。先生の得意技は、ちょっとほめる、たびたびほめる、というものでした。ちょっとほめられると、ちょっとうれしい、それが重なると、劣等感など消し飛んでしまいました。

大好きな先生でした。村上先生のような教師になりたくて教職に就いた人が、私の同級生だけで三名もいます。みんな村上先生にあこがれていたのです。

心境など 次のクラス会で、もう先生のお姿を拝見することはできないのですね。残念だとか、寂しいとか、そんなことばではとても表しきれない気持ちです。

私や同級生だけではないでしょう。先生を師と仰いだ者すべてが、共通の思いでいるはずです。帰ってきていただくことができないなら、せめてこれからもずっと、私たちを見守ってください。村上先生は、いつまでも私たちの恩師です。

結び 村上孝一先生、親身なご指導と、たくさんの温かい思い出を、ありがとうございました。

先生のご冥福《めいふく》を、先生のすべての教え子とともに、心からお祈り申し上げます。

ここがポイント

★多くの教え子を視野に入れた表現を

恩師とのエピソードを述べる際に最もふさわしいものとして、〝恩師と自分の二人だけにかかわる思い出〟も考えられます。しかし、そのままとめると〝自分だけの恩師〟という感じになり、あまり好ましくありません。

教え子全員は無理としても、多くの教え子を視野に入れた表現を心がけ、〝私たちみんなの恩師〟という印象を与えるように工夫しましょう。

担任教師として教え子へ（故人＝小学生・事故死）

呼びかけ

小松優一君――どんなに呼びかけても、いつものきみの返事を聞くことはできなくなってしまったのですね。

驚き・悲しみ

小松君、きみの身に起きた悲しい出来事に、クラスの仲間たちは、皆、打ち沈んでいます。きみに対しても、クラスの仲間に対しても、私は慰めることばを見つけることができません。教師失格といわれてもしかたありませんね。

思い出・人柄

小松君、きみはもの静かな子でした。どちらかといえば、目立たない生徒の一人でした。そして、とても優しい子でした。おじい様がつけてくださったという「優二」の名、そのままの少年でした。

きみは、クラスの花壇係を受けもっていました。あるとき、花壇係が丹精込めて育てていた花の苗を、隣のクラスの子が踏みつけたことがありました。きみは、血相を変えて怒りましたね。いつものきみを知っているその子は、からかうように「係の仕事をじゃまされて、そんなに悔しいか」ときみに言った。きみは目に涙を浮かべながらも、しっかり相

ここがポイント

★目立たない子の人柄を表現するときは

ふだんはとくに目立つ生徒ではなかったという場合は、その人柄を表現するのが難しいものです。目立たないことをあえて言う必要はありませんが、何かひとつ光る点があるはずです。それを浮かび上がらせるために、〝いつもは目立たないけれど〟と前置きしてから、エピソードに触れるとよいでしょう。

そうすれば自然な印象になり、遺族や会葬者の心にも残るでしょう。

手を見て言いました。「そうじゃない、大切な命を傷つけられたから」と。調子にのりすぎたその子はすっかり反省して、しょんぼりしてしまったね。窓から様子を見ていた私は、きみがその子の肩にちょっと手を置いて、そして二人で苗を植え直し始めたところまで確認しました。きみの本当の姿、きみの優しさを支えている心の強さを知り、無性にうれしかったのを覚えています。その子ときみは、それから親友になったね。

優一くんのそんなところを、クラスの仲間はとっくに知っていたのかもしれません。優しさは、じつは強いものであることを、クラスの仲間も私も、きみから教えてもらったように思います。きみは目立たない子でしたが、だからといって存在感の薄い子ではなかった。すてきな少年でした。

心境など 小松君、今、私の胸にもクラスのみんなの胸にも、ぽっかりと穴が開いてしまったような気がします。今はそんな状態ですが、これから、きみと過ごした日々を振り返って、きみの姿と優しさを、その穴いっぱいに詰めていこうと思います。

結　び もう少ししたら、きみの大切な花壇が花でいっぱいになるね。そのときは高いところからぜひ見てほしい。それまで、さようなら。

★列席しているクラスメイトを考慮して

葬儀・告別式には、故人のクラスメイトも参列しているはずです。子どもや年少者にとって、友だちの死は大きな衝撃になります。悲報を受けての驚き・悲しみや、現在の心境などを表現する部分では、そのことを念頭に置いて、子どもたちのショックを深めないように配慮することが、何よりも大切です。

クラスのみんなとともに悲しみを乗り越えていくという旨のことばも、教師の弔辞には欠かせません。

社葬・団体葬などでの弔辞

会社を創業した会長へ（故人＝80代・病死）

冒頭挨拶　エー・ワン商事株式会社会長・故相原一郎殿の社葬にあたり、全社員を代表いたしまして、謹《つつし》んでご霊前に弔辞を捧げます。

死去の報告　相原会長は、平成○年二月九日午前一時三十分に、腎不全のため、八十六年にわたる生涯を閉じられました。社員一同、ここに深く哀悼の意を表しますとともに、ご遺族の皆様に心からお悔やみを申し上げます。

経歴・業績　相原会長は、今から四十三年前に、当社の前身であった有限会社相原商店を創立され、着実に地歩を固められて、十五年後に当社を設立されました。その後も社業ならびに業界の発展に全力を尽くされ、平成○年に会長職に就かれてからは、当社と当業界の重鎮としてご活躍になり、平成○年に勲○等○○章受章の栄に輝かれました。

！ここがポイント

★「呼びかけ」ではなく「冒頭挨拶」から入る

社葬や団体葬などは、その組織を挙げて実施する葬儀です。規模も大きく、その組織に対する評価にもかかわりますので、弔辞は、個人葬の場合に比べて、より格調高くまとめることが必要です。

構成は、基本的には個人葬の場合と同様ですが、冒頭は「挨拶」の形とします。また「呼びかけ」ではなく「死去の報告」や「経歴・業績」を述べるケースが多くなります。

さらにこの間、市の障害者福祉の面でも多大な貢献をされ、三度にわたり、市長賞などの感謝状を受けられました。このように大きな存在を失うこととなり、まさに痛恨の極みでございます。

思い出・人柄 相原会長は、魚釣りをご趣味とされていました。それも、ヘラブナ釣り一本やりでした。堂々たる体躯《たいく》で繊細な釣り具をすばやく操作されるお姿は、そのまま、会長のお人柄を象徴しているかのように感じられました。まことに懐かしく思い出されます。

心境など 私どもの今の思いは、ともすれば会長のご生前へと向かいがちです。しかし、過去を振り返って執着することを何よりも嫌われた会長に対し、それはあまりにも失礼なことでありましょう。会長という大きな存在、相原一郎という大きな個性を失って、視線が宙をさまようような私たちではございますが、まずは会長が示された指針の方向をしっかりと見定め、足元を固めて、全社員が一丸となって前進してまいることをお誓い申し上げます。

結び 相原会長、私たちとその日々の営みを、どうかいつまでもお見守りください。私たちも、会長の大きなお姿を絶対に忘れません。

社員一同、心からご冥福《めいふく》をお祈り申し上げます。

!! こんな 表現法もある

冒頭挨拶の定型的表現

- ○○株式会社会長・故△△△殿のご霊前に、○○○を代表して、謹んでお別れのことばを捧げます。
- 本日ここに、○○株式会社会長・△△△殿の社葬が執り行われるにあたり、○○○を代表して、謹んで惜別の辞を申し述べます。
- ○○○を代表いたしまして、△△△会長のご逝去《せいきょ》を悼《いた》み、謹んで御霊前に申し上げます。

敬愛してきた社長へ（故人＝60代・事故死）

冒頭挨拶本日、松山物流株式会社代表取締役社長・故唐沢順造殿の社葬が執り行われるにあたり、謹《つつし》んで惜別の辞を捧げます。

驚き・悲しみ

このたびの唐沢社長のご逝去《せいきょ》は、力強い牽引車を失った貨物列車のような無力感を、私たちにもたらしました。積み荷もあるし、乗務員も整備士もいる、燃料の備えもある――それなのに、肝心の機関車を失ったのです。社長は、ボスたること、ワンマンたることをみずから標榜《ひょうぼう》され、実践されました。私たちは、そんな社長を頼もしく思い、安心して今日までついてまいりました。そのボスを失ったのです。社長、どうか私たちのとまどいと悲しみをご理解ください。泣き言を言うなとお叱りになっても、今日ばかりは聞けません。

思い出・人柄

社長、私たちは平素、社長が社長室にいらっしゃるというだけで、身の引き締まる思いがしておりました。社長がときおり各部署に顔をお出しになったときは、なおさらでした。しかし、その思いは、怖いとか恐ろしいとかいう類《たぐい》のものとは明らかに違います。松山物流の

ここがポイント

★弔辞朗読者が複数のときは内容の重複に注意

社葬・団体葬などでは、弔辞の朗読をする人が複数になるケースが多いものです。弔辞の内容の一部が重複するおそれが生じますから、できるだけそれを防ぐ必要があります。

たとえば、「死去の報告」は、最初に朗読する人に任せるべきです。「経歴・業績」も、同様でしょう。もし可能なら、弔辞を依頼された人同士が連絡を取り合って、調整しましょう。

社員としての自分、あるいは唐沢社長のもとで働いている自分と、改めて対峙《たいじ》する瞬間であったからです。それだからこそ、社長の「よし、よくやった」の声が耳に届くと、それが自分に対するものでなくても、心からの喜びを覚えたものでした。まるで厳父の声のように、私たちは感じておりました。

心境など　私たちは一人ひとり、自負心を抱いています。社長はつねづね、「力のない者、力を出そうとしない者は、遠慮なく切る」とおっしゃっていました。その社長のもとで、私たちは力を尽くしてきたのです。社長が築かれた道の大きさも、めざされていた方向も、私たちなりに理解しております。社長のお目には、いかにも心もとなく映っているかもしれませんが、私たちは一致団結して、全力で社長亡きあとの松山物流を支え、発展させてまいる決意をしております。どうか、末長く私たちをお見守りください。

結び　唐沢順造社長、今のお願いをお聞きになって、あるいは「まだ楽をさせてもらえないのか」とお思いかもしれません。しかし、私たちは無能で無力な者の集団ではありません。どうかごゆるりと、私たちの奮闘ぶりをご高覧ください。ご冥福《めいふく》をお祈りいたします。

★社葬では会社でのエピソードを中心に

社葬・団体葬などの弔辞で故人のエピソードに触れる場合は、その組織での故人の活躍ぶりに焦点をあてるのが、最もよい形です。

私的なエピソードを語る場合も、社長・会長としての故人の一側面という趣旨で、まとめるように工夫しましょう。

長年の取引先の社長へ（故人＝50代・急死）

冒頭挨拶

山本産業株式会社・山本一彦社長のご霊前に、貴社の取引先を代表し、謹《つつし》んで弔辞を捧げます。

驚き・悲しみ

社長ご急逝《きゅうせい》の悲報に接し、私は絶句するほかございませんでした。まことに残念です。まして、貴社の皆様やご遺族の方々のご胸中はいかばかりでございましょうか。心からお悔やみを申し上げます。

思い出・人柄

山本社長には、公私にわたり、長い間大変お世話になりました。この思いは、私ひとりではありますまい。

山本産業は、私ども取引先にとりましては、枝葉を支える太い幹のような存在でした。当然、こちらがお世話になるばかりの図式になりがちですが、そこに山本社長のご配慮がありました。

社長は、ほんのささいなこと、たとえば棚卸《たなおろし》のときに、「若い人を一人か二人、貸していただけませんか」と連絡をくださる――。私どもにとってはなんでもないことですが、実際のところは貴社の方々だけで人手が十分に足りているはずです。そして、作業が終了すると、社長は「お

ここが ポイント

★個人的体験を語る場合に注意したい点

個人の思い出や人柄について語る場合に、個人的な交流やごく狭い範囲内でのつき合いに関する事実をそのまま語っても、ほかの会葬者からは、「そんなことがあったのか」という程度の反応しか得られません。

話に普遍性をもたせるには、たとえば上例の「思い出・人柄」の二行目にある「この思いは……ありますまい」、同十五行目の「多くの方々にも……存じます」のような言い方をすると、効果的です。

陰で、今回は本当に助かりました。ありがとう」とお礼を言われる。社長はそのようにして、お世話になっているばかりの私どもの気持ちの負担を、軽くしてくださっていたのです。

「人の器《うつわ》」ということばがございますが、これほど大きく、深く、温かい器を、私は自分の周囲で見い出すことはできません。この気持ちは、多くの方々にもご賛同いただけるのではないかと存じます。

心境など　さて、山本産業様は、昨年度から新たな業務展開を始めておられました。それが軌道に乗り始めた矢先のこのたびの突然の出来事に、さすがの山本社長も、少なからずとまどいを感じていらっしゃることでしょう。ご無念でございましょう。

しかし、社長に鍛え上げられた貴社の皆様は、必ずや社長のご遺志を継ぎ、維持発展させていかれるものと確信しております。私どもも、いたずらにあわてふためくことなく、非力ながらできるかぎりのお手伝いをさせていただく所存です。どうか、心を安んじてお眠りください。

結び　山本社長、私ども一同は、ご生前に賜った数々のご厚誼《こうぎ》に対し、改めて深い感謝の意を捧げ、社長のご冥福《めいふく》を心からお祈り申し上げて、蕪辞《ぶじ》ながらお別れのご挨拶といたします。

★今後の支援を誓うことばを添える

故人が組織のトップであった場合、最も心残りなことは組織の維持・発展ということでしょう。

故人に語りかける弔辞では、その点に配慮して、「社長の遺志を受け継いで組織を発展させていく」という趣旨のひと言を加えましょう。

部外者の場合は、「そのための支援を惜しまない」という意味のことばを贈るのが、一般的です。

卒業生代表として校長へ（故人＝50代・病死）

呼びかけ

文京学園○○高等学校校長・故清水弘明先生に、卒業生を代表し、謹《つつし》んでお別れのご挨拶を申し上げます。

驚き・悲しみ

本日、こうして清水先生をしのび、弔辞を捧げることになり、まことに残念で、惜別の念にたえません。

思い出・人柄

清水先生は、私が○○高校在学中に校長になられました。ですから、教頭先生としてご活躍の時代から存じ上げております。

当時は、お手すきのときはいつも校内を巡回され、生徒と目が合うと必ずひと言、温かい声をかけてくださいました。ただ、私たちがあまり感心できない行動をしているときに出会いますと、その声に何かすごみのようなものを感じて、背筋を伸ばさざるを得ませんでした。

そんな清水先生が校長に就任され、初めて生徒の前で挨拶をされたときのことを、よく覚えています。先生は、「伝統」をテーマにしたお話をされました。あの年齢の生徒には、伝統ということばはピンと来ないもので、ともすれば反発さえ感じます。私にも、その傾向がありました。

ここがポイント

★自分の立場を踏まえる

同じ卒業生代表でも、故人となった校長の代に卒業した人、あるいは同窓会のまとめ役のような立場の人など、いろいろなケースがあります。

自分はどんな立場であるかを念頭に置いて、弔辞を述べることが大切です。

故人の活動ぶりをよく知っている人は、具体的なエピソードを交えて、またそれほど深い接触のなかった人は、経歴・業績など客観的なところに焦点をあてて、文案を練るとよいでしょう。

ところが、お話をうかがっていると、伝統を尊重せよとか、伝統を守り続けよとはいっさい言われない。言われないから、反発心も生まれません。校長先生は、ただ諄々《じゅんじゅん》と伝統というものの意味と本質を、若者にもわかることばで話されました。校長先生がなぜそんな話をされたか、すぐにはわかりませんでしたが、一年後の卒業式の日に気づいたのです。自分がこの学校を愛し、この学校の卒業生になることに誇りをもっている――。そう実感することが、校長先生が話された「伝統」につながっていくのだということに。

伝統が重要なのではなく、その伝統の最後尾にいることを意識することが重要なのだという、本当に大切なことを教えていただきました。

心境など

今、清水先生は、この高校の伝統の、道標のひとつになられました。校長先生の教えは、自然に○○高校の未来へと受け継がれていくことでしょう。

結び

先生とのお別れは、深い悲しみではありますが、凜《りん》とした心境にもさせてくれます。私たちの上に、これからも先生の温かいまなざしが注がれていることを信じ、送別の辞ではなく感謝の心を捧げて、結びとさせていただきます。校長先生、本当にありがとうございました。

★故人の人生を“解説”してはいけない

経歴や業績、人柄を語る場合に、故人の生き方について、解説したり評価したりするような言い方をする人がいます。

そのような弔辞は、はなはだ僭越《せんえつ》なことで、聞き苦しいものです。

「感銘を受けた、尊敬していた」という思いを、心を込めて述べることが重要なのであって、解説や評価をすることと混同してはいけません。

協会(連合会)の理事長へ(故人=80代・病死)

呼びかけ
○○市文化団体連合会理事長・故太田一喜殿のご霊前に、連合会を代表してお別れのご挨拶を申し上げます。

死去の報告
太田理事長は、かねてより病気ご療養中のところ、九月二十三日、薬石効《やくせき》なく、ご家族に見守られながら八十五年の生涯を閉じられました。ここに深く哀悼の意を表しますとともに、奥様はじめご遺族の方々に、心からお悔やみを申し上げます。

経歴・業績
太田さんが理事長に就任されたのは、平成○年のことでしたから、足かけ十年にわたって活躍されたことになります。

この十年間は、私にとっては意外に短く感じられます。太田理事長が、それだけ存分のご活躍をされ、きわめて充実した十年であったからでございます。

○○市文連は、市民文化祭の主催と、各文化団体の活動の後援を、おもな任務としております。文化活動の場の提供をもって、文化振興を図ることが目的となっているわけですが、太田理事長は別の観点をも加え

!!こんな表現法もある

理事長・会長などの人柄を表す決まり文句

●つねに行き届いた配慮をされる方でした。
●だれにも分け隔てなく接する方で、理事長をお慕いしている者は数知れません。
●人を自然に動かすことのできる方で、卓越したリーダーシップをおもちでした。
●研究心旺盛な方で、それが率先垂範の原動力でもあったかと推測され……
●会長は何よりも、筋の通らないことをお嫌いになる方でした。

られました。それは、市民文化祭市長賞創設と、「町角一芸教授」制度の発足です。前者は市の文化的水準を高めるものであり、後者は市民の文化意識を高めるものとして発想されたものと理解しております。これらが実現し得たのも、ひとえに太田理事長の秀でた企画力と、強力なリーダーシップによるものであります。

心境など

太田理事長は、また丸正電気株式会社の会長であるとともに、市文連加盟団体の一つである、「高峰俳句会」の会長でもいらっしゃいました。そのどのお役目も、渾身の力をもって務められていた旨、承っております。その太田さんがご逝去《せいきょ》され、悲しみととまどいの輪が、波紋のように幾重にも広がっていることを実感しています。まことに大きな存在を失ってしまいました。

しかし、私たちがここで力を落としては、理事長に喝《かつ》を入れられそうです。今のこの脱力感を反発力に変えてこそ、理事長の意にかなうに違いありません。今後、私たちは、判断や決定を行うに際して、「太田理事長ならどうお考えになるか」を念頭に置いて処してまいります。

結び

太田理事長、多方面にわたってのご活躍、お疲れさまでした。

そして本当にありがとうございました。ご冥福《めいふく》をお祈り申し上げます。

！ ここがポイント

★大げさすぎる表現は逆効果になる

故人の経歴や業績、人柄については、弔辞では少々大げさに表現するのが一般的な傾向ですが、度が過ぎると話に品位がなくなり、そらぞらしい感じになってしまいます。

〝だれもがそう思う〟という範囲を考えて、上品に故人をたたえましょう。

ADVICE
●こんなことも知っておきたい
「お別れ会」「しのぶ会」

●「お別れ会」の一般的なパターン

故人の遺志や家族の希望で、宗教にとらわれないで、自由な形式で営む「お別れ会」や「しのぶ会」が増えつつあります。無宗教ですから、従来の葬儀のように「死者を弔う儀式」という意味合いはなく、故人と親交のあった人たちが集まり、パーティースタイルで行うのが一般的です。演出も自由ですから、これといった式次第はありませんが、お別れ会の代表的なパターンをあげてみましょう。

①開式のことば(開式の宣言だけでなく、なぜこのような葬儀スタイルを選んだのか、趣旨を説明する)
②黙祷《もくとう》(司会者の合図で1分間黙祷する)
③スピーチ(弔辞)
④献花
⑤喪主《もしゅ》または遺族代表の挨拶
⑥最後の別れ
⑦閉式のことば
⑧会食または茶話会

会場としては、自宅、ホテル、公共施設などを利用することが多いようです。ただし、ホテルは遺骨の持ち込みを禁ずるなど制約がありますから、その点も考慮しましょう。

●弔辞ではなくスピーチをすることが多い

従来の弔辞朗読は、遺影に「○○さん」と呼びかけるなど、故人の魂へ向けて語りかけるという形をとりますが、無宗教の場合は、故人に対してではなく、参会者に向けて語るスタイルのほうが自然です。つまり、弔辞というより、スピーチの色合いが濃くなります。

第5章

葬儀・告別式での喪家側の挨拶

挨拶をする人が心得ておきたいこと

挨拶は出棺時に行うのが一般的

葬儀は死者を弔う儀式で、告別式は故人とゆかりのある人たちが最後の別れをする儀式とされ、以前は別々に営むのが慣例でした。

最近は、会葬者の負担を軽くするために、葬儀が終わったあと、引き続いて告別式を行うことが多くなっています。

葬儀と告別式を分けて行う場合は、葬儀後に喪主《もしゅ》が、また告別式後に親族代表が挨拶をするというように、二回行うのがふつうですが、式の形式や進め方によっては、葬儀後の挨拶は省略されることもあります。

葬儀と告別式を続けて行う場合は、告別式後の出棺時に、棺を霊柩車《れいきゅうしゃ》に安置したところで、喪主または親族代表が、会葬者に向かって挨拶をするのが一般的です。

社葬やお別れ会で挨拶する場合は

社葬・団体葬・学校葬などは、その組織で大きな功績を残したり、重要な地位にあった故人を追悼するために行われます。葬儀の規模が大きく、実際の運営は葬儀委員会が取り仕切り、葬儀委員長が喪家《そうか》側の代表となります。葬儀委員長は、儀式の主催者として会葬者へお礼の挨拶をしますが、どの時点で挨拶をするかは、式次第によって異なり、とくに決まりはありません。

お別れ会は、本葬とは別に、故人と親しかった人たちが集まって行う追悼の会で、主催者を代表して世話人代表が謝辞を述べることになります。

喪家側の挨拶の基本パターン

葬儀・告別式での喪家側の挨拶は、内容的には通夜での挨拶と重複する部分がありますが、通夜に参列していない一般会葬者が大勢いますので、省略しないで丁重にお礼を述べるようにします。

構成のしかたは、葬儀・告別式へ参列してもらったことへのお礼を中心に、喪主であること（代理の場合はその旨と故人との関係）を告げ、差し障りのない範囲で死因や闘病中の状態、最期《さいご》の様子などを簡単に報告します。

そのほかに、エピソードを交えて心に残った出来事を紹介してもよいでしょう。

さらに、故人が生前にお世話になったことを心から感謝し、残された者としての心境・決意を述べ、これまでと変わらないおつき合いや支援をお願いして、最後にもう一度お礼を述べて締めくくります。

なお、通夜で挨拶をした場合は、そっくり同じ内容にならないように、少し切り口を変えて話しましょう。

しめやかな儀式にふさわしい話を

喪家側の挨拶の中でどうしても触れなければならないのは、会葬へのお礼と生前の厚誼《こうぎ》に対するお礼、今後の支援のお願いなどです。

故人の思い出や闘病生活（死因）などについては、悲しみを呼び覚ますだけならば、あえて語る必要はありません。故人をしのぶつもりで話すなら、できるだけ、故人の姿がありありと浮かぶエピソードを交えたいものです。

ただし、あまりにも破天荒なエピソードでは、しめやかな告別式の雰囲気を壊しかねないので注意が必要です。

もし、気持ちが乱れてうまく話せない場合は、心を込めてお礼を述べるだけでも十分です。

基本スタイル ～父を亡くした長男として

① 会葬へのお礼

私は、故・田中春男の長男で、田中幸彦と申します。喪主《もしゅ》として、ひと言ご挨拶を申し上げます。

本日は、お忙しいところを、亡き父の葬儀に多数ご参列くださいまして、まことにありがとうございました。お陰さまで、滞りなく式をすませることができました。

② 死去の報告

父は、三月二十日午前八時四分に、家族に看取《みと》られながら息を引き取りました。享年《きょうねん》八十八で、死因は胃がんでした。私ども家族は、父に病名を知らせるべきかどうか悩みましたが、結局告知はせずに、父の望みどおり自宅で療養してもらうことにしました。高齢だったので手術も抗がん剤の投与もせず、痛み止めだけを用いた闘病生活でした。それでよかったのか、今でも答えが出せません。

ただ慰めは、父も死期をさとっていたようで、平穏な日々を送り、じつに穏やかな顔で人生の幕をおろしたことでした。

① 会葬へのお礼

喪主とあまり面識のない人が参列している場合は、自己紹介をしてから、会葬していただいたことへのお礼を述べます。お礼と自己紹介は、順序を入れ替えてもかまいません。

② 死去の報告

通夜の席で報告したとしても、通夜に参列していない人がいるはずですから、改めてここで伝えます。

死因については、差しさわりがある場合は、省いてもかまいません。

⑤ 結び	④ 厚誼へのお礼・お願い	③ 故人の思い出
本日は、最後までお見送りいただき、父もきっと喜んでいることでしょう。父に成り代わりまして、厚くお礼申し上げます。本当にありがとうございました。	そんな父を温かく支えてくださったのは、ここにお集まりいただいている皆様でございます。長い役所勤めでのご支援はもちろん、退職後は趣味のお仲間の皆様、老人会の皆様に、大変お世話になりました。 父は亡くなりましたが、遺族の者たちは、この地で皆様におすがりしながら生きてまいります。今後とも父の生前同様に、変わらぬご厚誼《こうぎ》を賜りますよう、お願い申し上げます。	晩年の父は、まるで仙人のように何事にも達観し、やさしくて慈愛に満ちた目をしていました。 私が、高校生の息子の進路のことで妻と言い争ったりすると、「長い年月でみれば、そんなことはたいしたことではない。本人の好きなようにさせてやればいい」と、ぽつりとつぶやくのです。「ああ、おやじは大きいなあ」と思わずにはいられませんでした。

③ 故人の思い出
いちばん印象に残っている故人のことばや、生活ぶりなどを紹介します。具体的に話したいところですが、なまなましい話は避けます。

④ 厚誼へのお礼・お願い
故人が生前お世話になったことへの感謝と、今後の遺族に対する支援をお願いすることばは欠かせません。

⑤ 結び
もう一度、会葬してもらったことへのお礼を述べます。

喪主の挨拶

長男としての挨拶①（故人＝父・90代・老衰）

会葬へのお礼 本日は、お忙しい中を、父健三の葬儀・告別式にご参列いただきまして、まことにありがとうございました。

死去の報告 父はここ数年、認知症が進行いたしまして、施設での介護をお願いしたこともございました。昨年からは体も弱ってほとんど寝たきりになり、自宅へ戻って療養しておりましたが、一昨日黄泉《よみ》の国へと旅立ちました。家族に看取《みと》られての静かな最期《さいご》でした。

思い出・人柄 仕事をしていたころの父は頑固で、怖いおやじでしたが、晩年はこれがあの父かと驚くほど無邪気で、幼児にかえったようでした。介護の苦労はありましたが、父の幸せそうな顔が慰めでした。

結び 父が生前賜りましたご厚誼《こうぎ》に対し、心からお礼を申し上げまして、ご挨拶とさせていただきます。ありがとうございました。

ここが **ポイント**

★**病名を告げるときはこんな配慮を**

故人の死因を報告する場合は、病名や病状を詳細に語る必要はありません。

上例のような、認知症という病名は、本来なら伏せておきたいところです。それをあえてもち出すのは、幼児にかえった父の心の平安を強調するためです。

このような配慮のもとに病名を告げるのならよいのですが、悲惨な状況を連想させるような説明は避けるべきです。

長男としての挨拶②（故人＝母・60代・病死）

会葬へのお礼 故人の長男の友也です。遺族を代表して、ひと言ご挨拶を申し上げます。本日は、小雨の降る中を、母栄子のためにご参列くださいまして、ありがとうございました。お陰さまで、無事に葬儀を執り行うことができました。

死去の報告 母は、一昨日の午後二時十四分に、入院先の○○市立病院で、六十四歳の生涯を閉じました。死因は乳がんでした。平均寿命が延びた昨今では、早すぎる死といえるかもしれませんが、これも定めとあきらめて、冥福《めいふく》を祈りたいと思っています。

厚誼へのお礼 母の存命中は皆様に何かとお世話になり、遺族として深く感謝しています。とくに入院中は大勢の方にお見舞いいただきまして、母もどんなに元気づけられたかしれません。故人に成り代わりまして、心からお礼を申し上げます。

結び 本日は、最後までお見送りいただきまして、ありがとうございました。皆様のご健勝をお祈りして、お礼のご挨拶といたします。

!!こんな表現法もある

会葬へのお礼

- 大変お忙しい中を、また遠方からわざわざお運びいただきまして……
- 本日は、母○○のお別れに、遠路はるばるお越しいただきまして……
- このような悪天候にもかかわらず、亡き父のためにご会葬いただきまして、厚くお礼申し上げます。
- 本日は、突然のことでしたのに、このように多数の方々にご焼香を賜り、お別れいただきまして、○○もさぞ感謝していることと存じます。

長男としての短い挨拶①（故人＝父・80代・病死）

会葬へのお礼　皆様、本日はお忙しい中を、父松原要作の葬儀・告別式にご参列くださいまして、まことにありがとうございました。お陰をもちまして、つつがなく別れの儀式を執り行うことができ、出棺の運びとなりました。

厚誼へのお礼　父が生前皆様からいただきましたご厚誼《こうぎ》に対し、心からお礼申し上げます。今後とも変わらぬご厚情を賜りますよう、なにとぞよろしくお願い申し上げます。

結び　本日は、ありがとうございました。

長男としての短い挨拶②（故人＝父・70代・病死）

会葬へのお礼　本日は、ご多忙中のところ、故・平田勇の葬儀・告別式にお運びくださいまして、まことにありがとうございました。

死去の報告　父は、九月十九日に急性心不全で亡くなりました。享年《きょうねん》

ここがポイント

★会葬者を立たせていることに配慮する

喪主《もしゅ》の挨拶は出棺時に行われるのが一般的ですが、その場合、会葬者を立たせていることに配慮しなければなりません。

しかも、場所が屋外であるのが一般的ですから、その日の天候や気温も考慮する必要があります。

寒い中や、かんかん照りの中で長い挨拶をしたのでは、会葬者に忍耐を強《し》いることになりますから、簡潔に要領よくまとめるようにしましょう。

七十一でございました。

結び 父が生前、皆様に一方《ひとかた》ならぬお世話になりまして、厚くお礼申し上げます。父亡きあとも私ども遺族に対し、変わらぬご助力を賜りますようお願い申し上げ、簡単ではございますが、ご挨拶とさせていただきます。ありがとうございました。

長男としての短い挨拶③（故人＝母・50代・病死）

会葬へのお礼 山田信子の長男の貴史でございます。本日は、突然のことにもかかわらず、お暑い中をお越しくださいまして、まことにありがとうございました。

厚誼へのお礼 皆様のお陰で、おごそかでしめやかな最後のお別れができました。母もきっと満足して、眠りについたことでしょう。お世話になりました皆様に、母に成り代わりまして心から感謝申し上げます。

結び これからも、故人の存命中と同様におつき合いくださいますよう、お願いいたします。

皆様、本日は本当にありがとうございました。

!! こんな 表現法もある

香典や弔辞へのお礼

- 本日は、過分なご芳志《ほうし》とご供物《くもつ》・ご供花《きょうか》をいただきまして、厚くお礼申し上げます。
- 先ほどは、お心のこもった弔辞を賜りまして、故人も草葉の陰で、さぞ喜んでいることでしょう。
- 心温まるお別れのことばを頂戴《ちょうだい》いたしまして、故人も心おきなく旅立てたことと思います。
- 皆様のお志に、故人も地下でさぞ感謝していることでしょう。

娘としての挨拶（故人＝母・50代・事故死）

会葬へのお礼　本日は母藤乃の葬儀・告別式でご焼香くださいまして、ありがとうございました。娘の私から、ひと言ご挨拶申し上げます。

厚誼へのお礼　私たちの家は母子家庭で、母が一生懸命に働いて私と弟を育ててくれました。また、本日ここにお集まりの皆様方にもご恩情をかけていただき、いろいろと助けていただきました。心からお礼を申し上げます。

心境など　私は三年前に、弟は今年就職して、ようやく家計を助けることができるようになりました。これでやっと母を楽にしてやれる、親孝行らしいことができると思っていた矢先に、このたびの事故で、母は突然私たちの前からいなくなってしまいました。本当に悔しいです。

でも、いつまでも泣いてばかりいては、大好きな母を悲しませるだけですから、これからは弟とふたりで、強く生きていかなければと思っています。どうかこれからも、ご指導をお願い申し上げます。

結び　本日はご会葬いただきまして、ありがとうございました。

ここがポイント

★事故死の場合も悲しみは抑えて

不慮の事故は、だれもが予想していなかったことだけに、悲惨な印象を与えるものです。

遺族が、胸をえぐられるような悲しみに襲われるのも当然です。

しかし、感情をあらわにして儀式の席で泣き崩れてはいけません。式の進行が滞ってしまいます。

故人を無事に送り出すための儀式なのですから、喪《も》主《しゅ》であることを自覚して、悲しみを抑える努力が必要です。

妻としての挨拶（故人＝夫・60代・急死）

会葬へのお礼 神津英雄の妻の、喜美子でございます。本日は、お忙しいところをお運びいただき、まことにありがとうございました。

死去の報告 数日前まで元気でおりました夫が、夜中に急に苦しみ出しまして、救急車で病院へ運んだのですが、そのときはすでに呼吸が止まった状態でした。心筋梗塞《しんきんこうそく》という診断でしたが、本当にあっけないものでございます。それでも、長く苦しまなかったことがせめてもの幸いで、最期《さいご》は穏やかな顔をしておりました。「ポックリ逝《い》きたい」というのが口癖でしたから、本人の望みどおりだったのかもしれません。

厚誼へのお礼 あまりにも急すぎて、私どもは取り乱したままですけれども、夫が見守っていてくれることを信じて、残された家族が力を合わせて生きていくつもりです。皆様には、これからも変わらぬご厚誼《こうぎ》を賜り、私どもを叱咤《しった》激励してくださいますようお願いいたします。

結び 本日は、突然のことにもかかわらず大勢の皆様にご会葬いただき、ありがとうございました。心からお礼申し上げます。

ここが ポイント

★急死の場合の挨拶ではひと言お詫びを添える

昨日まで元気だった人が急死した場合は、遺族はもちろん、知らせを受けたすべての人が驚き、あわててしまうことでしょう。

喪主の挨拶では、突然であることを詫《わ》び、予定を変更してまで駆けつけていただいたことに、お礼を言いましょう。

また、どうして亡くなったのか、死因や状況についても、参列者は気にしています。差しさわりのない範囲で報告しましょう。

夫としての挨拶（故人＝妻・40代・病死）

会葬へのお礼 歳末のお忙しいときにもかかわらず、このように大勢の皆様にご会葬いただきまして、心からお礼を申し上げます。

死去の報告 ご承知の方もいらっしゃるかもしれませんが、妻の病は白血病でした。三年前に医者に告げられたとき、目の前が真っ暗になったことを覚えています。長くても一年の命と言われたのを、妻は家族のために最後の力をふり絞って、その三倍の月日を生きてくれました。

心境など その三年の間に、妻は貴重なものを残してくれました。それは、覚悟を決めた人間の強さと気高さ、やさしさを、私と子どもたちに身をもって示してくれたことです。子どもたちは、そういう母親の姿から、どれほど多くのものを学んだかしれません。

結び 妻にはまだ多くの心残りがあったようですが、これからは私たち遺族が、彼女を安心させるために頑張らなければと思っております。皆様のご指導、ご助力をよろしくお願いいたします。本日は、ありがとうございました。

ここがポイント

★喪主が挨拶するときは遺族も同じ気持ちで

出棺の際は、喪主《もしゅ》が位牌《いはい》を持ち、喪主に次ぐ血縁の人が遺影を持つのが一般的です。

喪主が挨拶をするときは、位牌は喪主の代理が持ち、遺影を持った人と並んで、会葬者のほうを向きます。

喪主がおじぎをするときは、ほかの遺族も一緒におじぎをするのがマナーです。

喪主が挨拶をしている間は、位牌と遺影は会葬者のほうへ向けておきます。

父としての挨拶（故人＝息子・20代・事故死）

会葬へのお礼 皆様、本日はお忙しい中をお集まりくださいまして、まことにありがとうございます。お陰さまで、葬儀・告別式を無事に相ませることができました。

死去の報告 新聞でも報じられましたが、息子の淳平は、山で遭難いたしました。それも雪崩《なだれ》に巻き込まれたとのことで、なんともやり切れない思いがいたします。

心境など 淳平は慎重な性格で、自然の怖さも十分に知り尽くしていました。装備はいつも大げさなくらいに万全で、「そんなものまで背負っていくのか」と、私がからかうほどでした。それほど用心深い淳平が、大好きな山で命を落とすことになるとは……。雪崩という不可抗力の自然災害では、この怒りと悲しみのぶつけどころがありません。せめて、山で避難する人が一人でも少なくなるようにと、願うばかりです。

結び 生前、淳平と親しくしてくださった皆様に心から感謝し、山の事故防止への願いを込め、ご挨拶といたします。

!! こんな表現法もある

故人の最期の様子を紹介することば

- 父は享年《きょうねん》九十でした。大樹が枯れて倒れるような大往生を遂げました。
- 母は、晩年は出歩くこともなく、楽しみはテレビぐらいでしたが、最期は好きな歌番組を見ながら眠るように……
- 病気を背負いながらも、息子は懸命に生きました。つらい治療にも耐え、学校へ戻れる日が来ることを信じていました。そんなあの子を、最後までよく頑張ったと、思い切り抱きしめてやりました。

親族代表の挨拶

弟としての挨拶（故人＝兄・70代・病死）

会葬へのお礼　故人の弟の、二宮弥助と申します。喪主《もしゅ》である兄嫁が通夜から体調を崩しておりますので、親族を代表してひと言お礼のご挨拶を申し上げます。本日は、兄二宮辰三の葬儀・告別式にご参列いただき、まことにありがとうございました。

死去の報告　兄は五年前に脳梗塞《のうこうそく》で倒れ、退院後はリハビリに励んでおりましたが、二月五日の早朝に脳梗塞が再発し、七十九年にわたる生涯を閉じました。傘寿《さんじゅ》を前にしての逝去《せいきょ》は残念と言わざるを得ません。

厚誼へのお礼　皆様には、生前故人がご厚誼《こうぎ》を賜りまして、深く感謝申し上げます。私ども遺族に対しまして、これまでと変わらぬご指導、ご鞭撻《べんたつ》を賜りますようお願い申し上げます。

結び　本日は、お見送りありがとうございました。

？ここが知りたい

★喪主の代わりに親族が挨拶するときは

喪主は、故人といちばん身近な人が務めるのが習わしです。

一般的には、①配偶者、②子ども、③親、という順位になります。いずれも、故人と同居していた人が務めることになっています。

配偶者が高齢の場合や、子どもが未成年の場合、あるいは喪主がショックで寝込んでいるときなどは、兄弟姉妹、おじ・おばといった人が、親族を代表して挨拶をします。

兄としての挨拶（故人＝弟・40代・変死）

会葬へのお礼　私は、和行の兄で孝行と申します。喪主である和行の妻の裕子が、突然の出来事にショックを受けて動揺しておりますので、代わってご挨拶を申し上げます。

本日は、故・秋田和行のためにご会葬いただき、ありがとうございました。滞りなく葬式を終え、出棺のときを迎えることができました。ひとえに皆様方のお陰と、心からお礼を申し上げます。

死去の報告　ご承知の方もいらっしゃると思いますが、弟は先日、海で命を落としました。事件に巻き込まれたらしいということで、現在警察で取り調べておりますが、詳細は知らされておりません。ただ、どんな事情があろうとも、遺族としては弟の冥福《めいふく》を祈りたいと思います。

厚誼へのお礼・結び　本日は、このように大勢の方々のお見送りをいただき、弟も感謝していることと思います。生前に皆様からいただきましたご懇情《こんじょう》とご厚誼に対し、心よりお礼を申し上げます。また、残された家族の者へも、変わらぬご支援を賜りますよう、お願いいたします。

!! こんな表現法もある

人柄を表すことば

- 私は仕事人間で、家をあまり顧みなかったのですが、そんな私に妻は黙って耐えてくれました。
- 「家族はいつも一緒」が口癖の母は、父が転勤になるたびに、一家で引っ越しました。
- 兄は自分の我を通すということがなく、いつもみんなのことを第一に考える人でした。
- 私が申すのもなんですが、やさしい姉でした。だからこのように、大勢の皆さんが別れを惜しんでくださるのだと思います。

姉としての挨拶（故人＝弟・70代・病死）

会葬へのお礼 皆様、今日は弟のためにお集まりいただきまして、ありがとうございました。私は、武石吾郎の姉の、笹崎木綿でございます。出棺に際し、親族を代表しましてひと言ご挨拶申し上げます。

死去の報告 弟は、六月四日の午前十時半、入院先の○○会病院で、肺がんのために他界しました。七十二年間の生涯でございました。

思い出・心境 弟は、五年前にすべての役職から身を引き、「これでおれもようやく姉さんたちとお寺巡りができるよ」と喜んでおりましたのに、それから間もなくがんが発見され、闘病生活に入りました。

結局、弟と一緒に古刹《こさつ》巡礼をしたのは、一回だけでございました。老後は姉弟仲よく、楽しく過ごそうと言っていたのに、残念で、胸に大きな穴があいた思いがしております。

結び 寂しいのは私だけではなく、残された家族の悲しみはそれ以上でございます。どうか皆様、今後とも遺族に対しまして変わらぬご厚情を賜りますよう、私からもお願い申し上げます。

こんな表現法もある

死を惜しむことば

●妻とは旅行らしい旅行をしたことがなかったので、定年後には温泉巡りでもしようと話し合っていたのですが、それをかなえてやれず、残念でなりません。

●私は本当にわがままな亭主で、この世にひとり取り残されて、改めて妻のありがたさ、存在の大きさを痛感しております。

●生者必滅《しょうじゃひつめつ》は世の定めと申しますが、この若さで人生を閉ざされてしまうとは、親として嘆かずにはいられません。

婿としての挨拶（故人＝妻の父・80代・病死）

会葬へのお礼 本日は、岳父《がくふ》・滝沢高次のためにお集まりいただき、厚くお礼を申し上げます。本来ですと、喪主《もしゅ》である高次の妻の小夜がご挨拶すべきところですが、高齢でありますので、故人の長女の夫である私・桜井義一から、ひと言お礼のご挨拶を申し上げます。

死去の報告 父はかねてより病気療養中でしたが、七月十九日の夜、肺炎を併発し、それが原因で、翌二十日未明に八十九歳の一生を終えました。現役のころは会社に忠誠を尽くし、仕事一筋に生き抜いた気骨のある人でしたが、定年後は趣味の庭の手入れをしながら、平穏な毎日を過ごしていました。天寿を全《まっと》うしたといえるのではないかと思います。

厚誼へのお礼 親しくしていただいた皆様にお見送りをしていただいて、父も心から感謝していることと思います。改めて、生前賜りましたご厚誼《こうぎ》に対し、心からお礼申し上げます。

結び 父は遠くへ旅立ちましたが、義母をはじめ遺族一同に対し、今後ともお力添えを賜りますようお願い申し上げ、ご挨拶といたします。

ここがポイント

★流暢に話す必要はない

葬儀での挨拶に、立て板に水のような流暢《りゅうちょう》な話し方は、かえってふさわしくありません。

悲しみを抑えつつ話していながら、つい感情がこみ上げてきて、一瞬ことばに詰まってしまう。一呼吸置いてまた口を開く——そのような話し方のほうが、むしろ心が伝わります。

喪家《そうか》側の挨拶でも同じです。すらすらと長い話をされるより、言葉に詰まりながらも簡潔にまとめられた挨拶のほうが、はるかに好印象をもたれるものです。

世話役代表の挨拶

商店会会長の挨拶（故人＝商店主・60代・病死）

会葬へのお礼 カトレア商店会会長の山崎孝でございます。ご遺族、ご親戚に代わりまして、世話役代表としてひと言ご挨拶申し上げます。
本日は、後藤生花店店主・後藤千佳男さんの葬儀ならびに告別式にご参列くださいまして、まことにありがとうございました。

思い出 後藤さんは、当カトレア商店会の名づけ親でして、それまで緑町銀座商店会という名前だったのを、こんな親しみやすい名称に変えてくださいました。後藤さんは進取の気性というのでしょうか、古い慣習などにとらわれず、新しいものを積極的に取り入れておられました。まだ六十代とお聞きし、残念でなりません。

結び 皆様から、今まで故人が賜りましたご厚誼《こうぎ》を、これまでどおりご遺族にも賜りますようお願いして、お礼のことばといたします。

ここがポイント

★世話役は喪家側の事情をよく汲んで

世話役を依頼されるのは、親戚や故人の友人、勤務先の同僚、自治会・町内会役員などです。
頼まれたときは、辞退せずに誠意をもって、任務を果たしましょう。
なかでも世話役代表（葬儀委員長）は、喪家《そうか》の事情にくわしく、統率力・判断力がある人と見込まれて指名されるわけですから、責任は重大です。遺族側の意思を尊重して、最後まで式がスムーズに進行できるように努めましょう。

公私にわたる親友の挨拶（故人＝元会社員・70代・病死）

会葬へのお礼　皆様、お忙しい中を三輪清さんの告別式にお集まりいただきまして、ありがとうございました。世話人代表として、ひと言ご挨拶申し上げます。

死去の報告　三輪さんは、一昨日の早朝に、脳梗塞《のうこうそく》で亡くなりました。享年《きょうねん》七十四でございました。

心境など　彼と私とは、約五十年にわたっておつき合いをしてきました。南北社に入社以来、公私にわたって親しくしていただいてきた私にとって、三輪さんと永遠の別れをすることは、身を切られるほどつらいことです。ましてや、ご家族の皆様のお嘆きは、なおさらのことでしょう。ご参列の皆様、どうか今後とも、ご遺族の方々にご懇情《こんじょう》をお寄せくださるよう、よろしくお願い申し上げます。

結び　本日は、皆様のお陰でしめやかで盛大な葬儀を催すことができ、世話人といたしましても深く感謝しております。本当にありがとうございました。

!! こんな表現法もある

故人との関係について

- 故人と私は幼なじみで、かれこれ六十年近いつき合いになります。ときにはけんかもしましたが、なんでも相談できる、よき相棒でした。
- 「おれ・おまえ」の仲で、どちらかが先に逝《い》ったら、残ったほうが世話役代表を務めるという約束をしておりました。
- 同期入社で、定年後も親しくさせていただいている関係で、この大役をお引き受けした次第です。

葬儀委員長の挨拶

社長としての挨拶（故人＝会長・80代・病死）

会葬へのお礼　中井工業社長の北山正明です。本日は、葬儀委員長としてご挨拶をいたします。皆様、ご多用の中を中井工業株式会社会長・故藤村衛の葬儀にご参列賜りまして、まことにありがとうございます。また、先ほどはお心のこもった弔辞を多数賜りましたこと、遺族ならびに会社を代表いたしましてお礼を申し上げます。

個人の業績　藤村会長は、二十五年間社長を務められ、当社の礎《いしずえ》を築かれた創業者です。会長になられてからは、業界の発展のために尽力され、外から当社を支えてくださった、文字どおりの会社の柱でした。その柱を失い、全社員が悲しみの淵に沈んでおります。

決意　しかし、嘆いてばかりもいられません。藤村イズムを継承し、社業の発展のために邁進《まいしん》していくことが、会長へのご恩返しになるから

ここがポイント

★**社葬は対外的信用にもかかわる一大儀式**

社葬は、会社が主催者となって営む葬儀です。

会社の創設者や社長、副社長など、トップクラスの人が亡くなった場合に行われます。

経営陣の死去による社葬は、社内外に人事交代を知らせる意味もあるため、規模も大きくなります。

葬儀委員長は、故人が社長の場合は、その次のポストにある人が務めるのが一般的ですが、故人と親しかった外部の人や、業界団体の理事長、地元経済界の

です。どうか会長、私たちを見守っていてください。

結び 皆様、本日はご会葬ありがとうございました。

【会社役員としての挨拶（故人＝社長・70代・急死）】

会葬へのお礼 皆様、本日はお忙しいところ、また突然のことにもかかわらずご会葬くださいまして、まことにありがとうございました。私は、小田建設専務の熊沢秀樹と申します。葬儀委員長を仰せつかっておりますので、ひと言ご挨拶をいたします。

死去の報告 皆様すでにご承知のように、当社の小田徹社長が、去る七月二十七日午前二時ごろ、心不全のために急逝《きゅうせい》いたしました。

厚誼へのお礼 私どもは対応に右往左往するばかりで、きちんとしたご挨拶さえできませんでした。この場をお借りして、故人が生前に賜りましたご厚誼《こうぎ》に、深くお礼申し上げる次第です。

今後は故人の遺志を継ぎ、社業を発展させるように全力で努めますので、故人の存命中と変わらぬご指導とご鞭撻《べんたつ》をお願い申し上げます。

結び 本日は、まことにありがとうございました。

重鎮などに依頼するケースもあります。

どのような形式で行うにしても、喪家《そうか》の意見を反映させなければなりません。

★葬儀委員長として心得ておきたいこと

上例のように、社葬での葬儀委員長の挨拶は、参列者へのお礼のほかに、故人の生前の経歴と業績をたたえることが必要です。とくに、その会社にとってどのような存在であったかを、強調するようにします。

社葬は公的な儀式で、挨拶には格調が求められます。内容は、生前の厚誼へのお礼、あとを引き継ぐ者としての決意、支援を願うことばを盛り込みます。

その他のケースでの挨拶

お別れ会での主催者の挨拶（故人＝著述家・60代・病死）

出席へのお礼　皆様、本日は「前原弘正先生と最後のお別れをする会」にご出席いただき、まことにありがとうございます。私は、本日の会の発起人で、先生の一番弟子を自負しております、鎌田義幸でございます。

経過報告　前原先生は、十月十日の朝、肝不全で永遠の眠りにつかれました。故人のご遺志により葬儀は行われず、ご家族だけでお別れをなさいました。ところが、私ども弟子や先生のご友人、出版社の方々などから、先生と最後のお別れがしたいという声があがり、ご遺族のご了承を得て、本日ここにこの会を開催いたしました。

会場には、先生のお写真の数々や遺稿・遺品・著作等を展示してあります。先生の業績や遺徳をしのんで、心ゆくまで思い出を語り合いたいと存じます。どうか、最後までごゆっくりお過ごしください。

？ここが知りたい

★形式にとらわれない葬儀も増えている

「お別れ会」「しのぶ会」「追悼会」などは以前から行われていますが、最近は、遺骨を海（外洋）にまく海洋葬、山に葬る山岳葬、音楽が流れる中での音楽葬など、いろいろなスタイルが見られるようになりました。

宗教的な色合いはなく、故人にお世話になった人たちがパーティースタイルで行うことが多いようです。

形式は自由ですが、参列者代表が追悼の辞、主催者が謝辞を述べ、全員で献花をするのが一般的です。

第6章

葬儀後の挨拶

精進落としの席で心得ておきたいこと

お世話になった人を慰労する席

人が亡くなると、仏教では七日ごとに七回審判を受け、最後の四十九日目の裁きで成仏できるかどうかが決まるとされています。それまでの間を忌中《きちゅう》といい、遺族は肉や魚などのなまぐさものを断ち、精進料理で過ごすことになっていました。四十九日の忌明《きあ》けとともにふだんの食事に戻ることから、そのときに酒宴を設けて親類縁者や近隣にふるまう習わしがありました。それが、「精進落とし」と呼ばれていました。

ところが、現代では、そのような風習はほとんど行われなくなりました。葬儀当日に火葬場から戻り、骨迎えの儀式（還骨法要《かんこつ》）終了後に、僧侶や葬儀でお世話になった人たちを慰労する宴席を、「精進落とし」と呼んでいます。

精進落としの席では、僧侶や世話役が主賓になりますので、その人たちに上座《かみざ》を勧め、喪主《もしゅ》や遺族は末席に移ります。

参列者が全員着席したところで、喪主か親族代表が謝辞を述べます。参列者は通夜から告別式までずっと手伝ってくれた人たちですから、感謝の気持ちを込めて挨拶しましょう。そのあと、喪主と遺族は、参列者の一人ひとりにお酌《しゃく》をしながら、労をねぎらいます。

精進落としは、一～二時間で切り上げるのが一般的です。皆疲れていますし、翌日の都合もありますから、いつまでも引き止めずに、ころ合いを見計らってお開きの挨拶をしましょう。そのときは、長い挨拶は避けて、お礼の気持ちを込めて簡潔に述べるようにします。

精進落としでの挨拶の基本パターン

精進落としの席での挨拶は、通夜から還骨法要までお世話になったことへのお礼が中心で、それに故人の思い出やエピソード、遺族としての心境などをつけ加えてもよいでしょう。

開宴に際して行う謝辞には、次のような要素を盛り込みます。

①葬儀・告別式が無事終了したことの報告
②お世話になったことへのお礼
③労をねぎらうことば
④精進落としの飲食を勧めることば
⑤今後の厚誼《こうぎ》を願うことば
⑥結びのことば

宴の終わりに挨拶をする場合は、

①宴席をお開きにすることば
②葬儀・告別式でお世話になったことへのお礼
③不行き届きに対するお詫び
④今後の厚誼へのお願い
⑤結びのことば

というようにまとめます。

葬儀後に改めて挨拶に出向く

葬儀後に、日を改めて挨拶に出向く必要がある相手は、まず僧侶や神官、牧師・神父などです。葬儀当日に謝礼を渡していない場合は、そのときに持参します。

葬儀委員長や世話役代表のところにも、できれば葬儀の翌日、遅くても初七日までには、手みやげを持って挨拶に出向きます。お礼として現金を包む場合もありますが、目上の人に現金を渡すのは失礼になることもありますので、先方との関係なども考えて判断しましょう(商品券は問題ない)。

故人が会社員だった場合は、勤務先へ出向き、生前にお世話になったことへのお礼を述べ、死亡退職の手続きをして、私物を持ち帰ります。

精進落としに際しての喪主の挨拶

喪主としての短い挨拶①

お礼のことば　本日は、皆様に大変お世話になりました。お陰さまで、葬儀・告別式を無事にすませることができました。

開宴の案内　ささやかではございますが、精進落としの酒肴《しゅこう》を用意いたしましたので、お疲れをほぐしていただければと存じます。

今後へのお願い・結び　父は彼岸《ひがん》へ旅立ってしまいましたが、残された私どもにも、父の生前と同様のご厚誼《こうぎ》を賜りますよう、なにとぞお願い申し上げます。本日は、まことにありがとうございました。

喪主としての短い挨拶②

お礼のことば　本日は、お疲れさまでございました。皆様のお力添えの

ここがポイント

★くつろいで飲食できる雰囲気づくりを

精進落としの席での挨拶は、葬儀でお世話になった人たちへ、お礼を述べるために行うものです。力添えに対する感謝の心を表しましょう。

通夜から葬儀・告別式にわたってお世話になった、その労をねぎらうのが精進落としの席ですから、打ち解けた雰囲気を作ることが大切です。

挨拶も、なるべく手短にすませましょう。

お陰で、葬儀いっさいを滞りなくすませることができました。心から、厚くお礼申し上げます。

開宴の案内・結び　慌《あわ》ただしくて、皆様に気苦労をおかけしました。たいしたおもてなしもできませんが、ひとときごゆっくりお過ごしいただきたく存じます。

【喪主としての短い挨拶③】

お礼のことば　本日は、長時間にわたってご尽力いただきまして、ありがとうございました。ご住職様をはじめ、世話役の方々のお陰で、滞りなく母を見送ることができました。心からお礼申し上げます。

今後へのお願い　陽気な性格だった母がいなくなってしまい、わが家は急に寂しくなるだろうと思います。どうか皆様、今後とも母の生前と同様におつき合いくださいますよう、お願い申し上げます。

開宴の案内・結び　気持ちばかりではございますが、精進落としの席をご用意いたしましたので、お時間の許すかぎりおくつろぎください。

本日は、まことにありがとうございました。

ここが知りたい

★僧侶が精進落としの席を辞退したときは

精進落としの席に臨むのは、僧侶や世話役、近しい知人、親戚などですが、僧侶がなんらかの事情で臨席を辞退する場合もあります。その場合は、「御膳料」または「御車代」として相応のお金を包みます。

僧侶が同席して法話をしてくれる場合は、挨拶の中で「ご住職様にお話をいただきたいと存じます」とお願いして、食事の前に話してもらうようにします。

父の葬儀後に長男として

お礼のことば
本日は、父の葬儀に長い時間おつき合いいただきまして、まことにありがとうございました。皆様のお力添えのお陰で、つつがなく葬儀を執り行うことができました。故人の長男として、心からお礼申し上げます。

遺族としての心境
父は長い間入院しておりましたので、覚悟はしておりましたが、私どもにとっては特別な存在でしたから、今は心の中にぽっかりと大きな穴があいてしまったような気がしております。

今後は、私が父の遺志を継いで、家業を盛り立てていくように、精一杯頑張ります。どうか、これまで以上のご指導・ご支援を賜りますよう、お願い申し上げます。

開宴の案内・結び
形ばかりの粗餐《そさん》で恐縮ですが、精進落としの酒肴《しゅこう》を用意いたしました。皆様、大変お疲れのことと存じますが、ごゆっくり召し上がりながら、故人の思い出などお聞かせいただければと存じます。

本日は、お力添えありがとうございました。

ここが知りたい

★精進落としは省略することもできる

精進落としの席は、必ず設けなければならないものではありません。

時間的な余裕がない場合や、準備が間に合わないときは、精進落としは行いません。その代わりに、寿司などの折り詰めや、お酒を持ち帰ってもらうように手配します。

精進落としをしない場合でも、一連の儀式が終了したことを報告して、協力していただいたことに感謝する挨拶をしましょう。

母の葬儀後に長男として

お礼のことば　ご住職様、本日はまことにありがとうございました。また、いろいろご手配いただきました綾部様・加賀見様・大江様、それにお手伝いいただいた自治会の皆様とご近所の皆様、通夜に続いて今日の葬儀まで、本当にお世話になりました。お疲れさまでございました。心からお礼申し上げます。

故人をしのぶ　告別式には、老人会の方々や趣味の会の方たち、古くからのお友だちなど、大勢の方が駆けつけてくださいました。母はよい方たちに囲まれて、幸せな人生だったと思います。きっと満足して旅立ったことでしょう。

開宴の案内・結び　世話好きだった母ほどのおもてなしはできませんが、精進落としの膳をご用意いたしました。どうか、ごゆっくり召し上がってください。そして、私の知らない母の話など、お聞かせいただきたいと存じます。

このたびは、本当にありがとうございました。

!! こんな表現法もある

精進落としを省略する場合の挨拶例

●本来ならば、ここで精進落としの席へご案内すべきところですが、遠方からお越しの方もいらっしゃいますので、本日はこれで失礼させていただきます。

●皆様にお食事を差し上げるべきところですが、あいにくその用意がございませんので、失礼させていただきます。つきましては、心ばかりのものを用意いたしましたので、どうかお持ち帰りくださいませ。

父の葬儀後に長女として

葬儀終了の報告 皆様にお力添えいただいたお陰で、父の葬儀いっさいを、無事にすませることができました。

お礼のことば 何から何までお力添えくださいました皆様に、厚くお礼申し上げます。ありがとうございました。

開宴の案内 本日は朝早くからお手伝いいただき、さぞお疲れのことと思います。ささやかですが、精進落としのお膳を用意しましたので、お疲れをほぐしていただければと存じます。

今後へのお願い・結び お料理を前にして申しわけありませんが、皆様にひと言お願いしたいことがあります。本当なら、喪主として母が、皆様にご挨拶をしなければならないところですが、母は深い悲しみで茫然《ぼうぜん》としている状態です。そんな母に対して、どうか今後とも皆様の温かいご厚情を賜りますよう、よろしくお願い申し上げます。

本日は、長い時間おつき合いいただきまして、ありがとうございました。

!! こんな表現法もある

僧侶への挨拶

- ありがたいご法話をいただき、心にしみました。
- ありがたいお経で、故人も救われたと思います。
- 故人も安らかな眠りにつくことができたと……
- ひとえにご住職様のお導きのお陰と、感謝いたしております。
- ご住職様のお陰で、父(母)も成仏できることと存じます。
- 長時間にわたって読経《どきょう》いただきまして……

夫の葬儀後に妻として

お礼のことば　皆様、本日は亡き夫・勇雄の葬儀のために、いろいろとお力添えをいただきまして、ありがとうございました。皆様のお陰で、滞りなく葬儀を終了させることができました。

　とくにご住職様には、昨日から何度もお越しいただいて、ありがたいお経やお話をしていただきまして、心からお礼申し上げます。

また、世話役代表をしていただいた相田様はじめ、町内会の皆様にはすっかりお世話になり、深く感謝しております。今日もこんなに遅い時間までおつき合いいただきまして、恐縮しております。

遺族としての心境　突然のことでしたので、まだ気持ちの整理ができませんが、立ち止まってしまうと悲しみが襲ってきそうですので、とにかく前を向いて歩いていこうと、自分に言い聞かせております。これからも、ご指導・ご助力くださいますようお願いいたします。

開宴の案内・結び　ほんの形ばかりのお膳ですが、どうかおくつろぎになってお召し上がりください。本日は、ありがとうございました。

精進落としを省略した場合の僧侶への挨拶

　精進落としの席をあえて設けなかった場合は、僧侶を見送るときに、喪主《もしゅ》が次のように丁重に挨拶をしましょう。

●本来ならばお食事を差し上げなければならないのですが、お忙しいところをお引き止めしてはご迷惑かと存じ、これにて失礼させていただきます。

●後日、日を改めましてご挨拶におうかがいいたします。本日は長い時間、本当にありがとうございました。

妻の葬儀後に夫として

お礼のことば 皆様、本日は長時間にわたり、お疲れさまでした。皆様のお陰で、妻の葬儀を無事執り行うことができました。まことにありがとうございました。

遺族としての心境 人間の運命は、わからないものです。五日前に「おみやげを楽しみにしてて」と言って元気に出かけて行った妻が、その二日後に変わり果てた姿で帰ってくるなんて、だれが予測できたでしょうか。珍しくもない交通事故だといっても、遺族としては納得できません。前方不注意で妻をはねてしまったドライバーへの、怒りと悔しい気持ちを、今も抑えることができません。

身内も同然の皆様なので、取り乱してついこんなことを口走ってしまいました。お許しください。

開宴の案内・結び 皆様とゆっくりお話がしたいので、精進落としのお酒におつき合いください。お酒のすすまぬ方は、お食事をどうぞ……。

本日は、ありがとうございました。

？ここが知りたい

★僧侶へのお布施はいつ渡せばよいか

お布施《ふせ》をいつ渡すかは、ケース・バイ・ケースです。お寺に改めて出向き、直接渡すのが礼儀ですが、それが困難な場合は、葬儀当日に僧侶に手渡してもかまいません。

ふだんから檀家としてつき合いのあるお寺の場合は、葬儀の翌日に一括して支払ってもよいでしょう。

また、予約をして来てもらうなら、葬儀の前に渡すほうが安心です。

息子の葬儀後に父として

お礼のことば　皆様、本日は長い時間、お疲れさまでございました。お陰さまで、おごそかで、心のこもった葬儀で息子を送ることができました。心から感謝し、厚くお礼申し上げます。

遺族としての心境　まだ四十代の若さで、しかも二人の子どもを残して逝《い》くことは、本人にとってはとても無念だっただろうと思います。私どもにとっても、親よりも先に逝くなどとは思ってもいませんでしたので、残念でなりません。

今後へのお願い　皆様どうか、故人の妻子をこれからも温かく支えてくださいますよう、なにとぞお願い申し上げます。

開宴の案内　お手もとの料理は、心ばかりの粗末なものですが、どうぞおくつろぎになって、お疲れを癒《いや》してください。

結び　本来なら、このような席では喪主《もしゅ》がご挨拶をすべきですが、嫁の圭子が心労のために床に伏しておりますので、父親である私が代わってお礼を申し上げます。本日は、ありがとうございました。

!!こんな表現法もある

心境を表すことば

- 親が子を見送ることになろうとは思ってもいませんでしたから、取り乱してしまいましたが、皆様のお陰で、気持ちが幾分落ち着いてきました。
- 私よりも背の高かった息子がこんなに小さくなって帰ってきまして、「本当にこの世からいなくなってしまったんだ」ということを、実感しております。
- ときにはお立ち寄りいただいて、遺族を励ましてやってください。

精進落としに際しての親族代表の挨拶

親族を代表して①

葬儀終了の報告 皆様、大変お疲れさまでした。ただ今の還骨法要をもって、故・島岡正道の葬儀は、滞りなく終了いたしました。

お礼のことば 皆様には、昨日に引き続いて、本日も朝早くからいろいろとお世話をいただき、深く感謝しております。

開宴の案内 粗末な精進落としの食事ではございますが、さっそく始めていただければと存じます。どうか、おくつろぎのうえ召し上がってください。

今後へのお願い・結び 皆様のお席に遺族の者がご挨拶に回りますので、故人と親しくされていた方から、お話をうかがうことができれば幸いです。また、今後とも変わらぬご厚情を賜りたく、親族を代表してお願い申し上げます。本日はありがとうございました。

？ここが知りたい

★どんな人が親族代表を務めるのか

親族代表を務める人は、必ずしも最年長者ではありません。一族をまとめる力のある人が、それにあたります。

本来は世話役代表が果たすような役割を無理なくこなして、親族代表としての挨拶ができるような人が、その適任者といえます。上の例は、そんな立場の人が挨拶をしたケースです。

親族を代表して②

自己紹介 故人の叔父にあたります、館山輝由と申します。先ほどまで気丈にふるまっていた喪主《もしゅ》が、心労で気分がすぐれず、別室で休んでおりますので、代理としてご挨拶申し上げます。

お礼のことば 皆様、本日は故・下川貴紀の葬儀に際し、多大なご尽力をいただき、まことにありがとうございました。皆様に助けていただかなければ、無事に葬儀を執り行うことができなかったと思います。喪主に代わりまして、厚くお礼申し上げます。

今後へのお願い このたびの突然の不幸で、遺族は大変なショックを受けております。どうか、今後におきましても遺族を支え、励ましてくださいますよう、私からもお願いいたします。

開宴の案内・結び 皆様、さぞお疲れのことと存じます。ささやかではございますが、精進落としの用意をいたしましたので、どうかおくつろぎになってください。簡単ではございますが、お礼のご挨拶といたします。本日は、ありがとうございました。

こんな表現法もある

遺族をいたわることば

- 遺族の深い悲しみが、痛いほどわかります。
- 遺族の嘆き悲しむ姿を目《ま》のあたりにすると、慰めのことばもありません。
- 悲しみに耐えている遺族の姿は、痛々しいほどでございます。
- まだ幼い次男まで、けなげにも母親を気づかっております。
- 親の死を理解できずに、「今日はお客さんがいっぱいだね」と言ってはしゃいでいる○○(故人の子)が、ふびんでなりません。

精進落とし終了時の簡単な挨拶

喪主として①

宴の終了を告げる 皆様、お話がはずんでいるところを恐縮ですが、夜も更《ふ》けてきましたので、このへんでお開きとさせていただきます。

不行き届きのお詫び 本日は、皆様に大変お世話になりながら、何かと行き届かぬ点が多く、申しわけございません。

結び 本日は最後までおつき合いいただき、本当にありがとうございました。

喪主として②

宴の終了を告げる 皆様、お話が尽きず、お名残惜《なごり》しく存じますが、明日のお仕事に差しさわりがあってはいけませんので、そろそろ

ここが知りたい

★伝達事項をはっきり告げる

精進落とし後の喪家側《そうか》の挨拶は、簡単なものでかまいませんが、知らせるべきことがあるときは、それらをもれなく伝えなければなりません。

たとえば、手みやげを用意している場合や、食べ残したものを折り詰めにして持ち帰ってほしいとき、帰りのタクシーを呼んであるとき、四十九日法要の日程を知らせたいときなどは、その旨をはっきりと伝えましょう。

お開きにさせてください。

今後へのお願い 故人が生前に賜りましたご厚誼《こうぎ》に厚くお礼を申し上げ、また今後におきましても遺族へご厚情を賜りますよう、心からお願い申し上げます。

結び 本日は、まことにありがとうございました。お気をつけてお帰りください。

親族を代表して

お礼のことば 皆様、本日はお疲れのところを最後までおつき合いくださいまして、まことにありがとうございました。

宴の終了を告げる もっとごゆっくりしていただきたいところですが、明日のご予定もおありでしょうし、あまりお引き止めするわけにもまいりません。このへんで、閉じさせていただきたいと存じます。

不行き届きのお詫び あれこれ不行き届きな点もあったかと存じます。どうかご容赦のほど、お願い申し上げます。

結び 本日は、長い時間ご尽力いただき、ありがとうございました。

!! こんな表現法もある

手みやげの案内

- なお、心ばかりのものを用意いたしましたので、どうかお持ち帰りくださいませ。
- お荷物になって恐縮ですが、どうかお帰りの際にお持ちください。

法要の案内

- 四十九日の法要につきましては、後日改めてご案内申し上げますので、ご都合がよろしければ、ぜひお運びください。

お詫びのことば

- 本日は十分なおもてなしもできず、大変心苦しく思っております。

葬儀後の喪家の挨拶回り

僧侶に対して

お礼のことば　このたびの父の葬儀では、ありがたいお経とご法話をいただき、まことにありがとうございました。亡き父も安らかに黄泉路《よみじ》についたことと思います。

お布施を渡す　これは、私どもの気持ちばかりのお礼でございます。どうかお納めください。

法事のお願い　四十九日の法要につきましては、改めてご相談させていただきますので、その節はよろしくお願いいたします。

神官に対して

お礼のことば　このたびは大変お世話になり、ありがとうございました。

？ここが知りたい

★**神式葬儀での挨拶のしかたは？**

神式による葬儀は「神葬祭」と呼ばれ、仏式の葬儀・告別式にあたる葬場祭を中心に、通夜祭・遷霊祭《せんれいさい》・出棺祭などの儀式が続きます。流れは仏式と似ていますが、挨拶をするときは、仏教用語を使わないように注意します。

ちなみに、神主のことは「神職」といい、葬儀を司る神職を「祭主」といいます。「冥土《めいど》」「冥福《めいふく》」「供養」などは仏教用語ですから、使えません。

宮司《ぐうじ》様のお導きで、母も安らかな眠りについたことと思います。

謝礼を渡す これは、些少《さしょう》ではございますが、ご神饌《しんせん》料でございます。どうかご受納ください。

祭事のお願い 五十日祭、百日祭も宮司様にお願いしたいと存じますが、いかがでしょうか。

神父・牧師に対して

お礼のことば 先日の妻の葬儀では、神父様に大変お世話になりました。お陰さまで、妻も主のみもとに召され、天国で安らかに眠ることができるでしょう。

謝礼を渡す これは、私どもの感謝の気持ちでございます。こちらは教会に献金させていただくぶんで、こちらが神父様へのお礼でございます。どうかお納めください。

ミサのお願い 一か月後の追悼ミサを、教会で行いたいと思います。その折にはまた神父様にお願いしたいと思いますので、どうかよろしくお願いいいたします。

★キリスト教式葬儀での挨拶のしかたは?

カトリックとプロテスタントでは、葬儀に対する考え方が異なります。

カトリックでは、故人の罪の許しを請い、永遠に安息が得られるように祈る儀式です。

プロテスタントでは、故人がこの世で受けた神の恩恵に感謝し、天国で再び神に仕えることができるように祈る儀式です。

キリスト教の信者にとって、死は悲しむべきことではなく、神のみもとに召された祝福すべきこととされていますから、挨拶をする際も、その点への配慮が必要です。

世話役に対して

お礼のことば このたびは、大変お世話になりました。深く感謝いたしております。通夜の準備から、葬儀・告別式までいっさいを取り仕切っていただき、本当に助かりました。桜田様がいらっしゃらなかったら、動転していた私どもでは、どうしたらよいかわかりませんでした。

謝礼を渡す こんなことをしては叱られるかもしれませんが、私どものほんの気持ちです。何かお礼をしなくては気がすみませんので、持参しました。どうかお受け取りください。

今後へのお願い 今後とも、何かとご相談することがあるかと思いますが、その節はよろしくお願いいたします。

町内会の役員に対して

お礼のことば 通夜から告別式まで、皆様に大変お世話になりました。町内会の会長さんや役員の方々のお力添えのお陰で、無事に葬儀を執り

? ここが知りたい

★挨拶回りをする時機は?

葬儀がすんだら、お世話になった人たちに対して、お礼の挨拶回りをします。できれば喪主《もしゅ》が、葬儀の三日後ぐらいまでにすませます。これは、故人が亡くなってから初七日ぐらいまでということになります。

世話役代表や葬儀委員長に謝礼をする場合は、この挨拶回りのときに渡します。品物は香典返しを忌明《きあ》けに送りますので、菓子折りなどを持参する程度でよいでしょう。

行うことができました。本当にありがとうございました。

手みやげを渡す これは、心ばかりのお礼でございます。皆さんで召し上がってください。

今後の厚誼を願う これからも、故人の生前同様、よろしくお願いいたします。

近隣の人に対して

お礼のことば このたびはすっかりお世話になりました。お陰で葬儀も無事にすみ、少し落ち着いてきました。

迷惑を詫びる 野原さんには裏方の仕事をお任せして、さぞお疲れになったでしょう。

それに食器や座布団をお借りしたり、お宅の前に花輪を飾らせていただいたりして、ずいぶんご迷惑をおかけしました。

手みやげを渡す これは、ほんのお礼のしるしです。お口に合うとよろしいのですが……。

今後の厚誼を願う 今後とも、どうかよろしくお願いいたします。

こんな表現法もある

手伝ってくれた人へのお礼のことば

- このたびは、何から何まで大変お世話になりました。感謝のことばもないほどです。
- お疲れになったのではございませんか。
- 皆様の温かいご配慮に、感謝のことばもないほどです。
- 皆様のご厚意は、忘れることができません。
- あなたに来ていただいて本当に助かりました。

故人がとくにお世話になった人へ

お礼のことば　松田様には、通夜だけでなく葬儀にもお運びいただき、本当にありがとうございました。取り込んでおりましたので、きちんとお礼も申し上げず、失礼いたしました。

生前の厚誼に対するお礼　父も松田様に最後までお見送りいただいて、大変喜んでいると思います。生前には大変お世話になりました。父に代わって、お礼申し上げます。

今後へのお願い　どうか、今後とも父の生前同様に、よろしくお願いいたします。

故人(夫)が勤務していた職場の上司へ

お礼のことば　先日は、お忙しい中をご丁寧にご会葬くださいまして、本当にありがとうございました。

葬儀の報告　職場の皆様にお手伝いいただいたお陰で、滞りなく通夜と

?ここが知りたい

★故人の勤務先では諸手続きや私物の整理を

故人が会社へ勤務していた場合は、葬儀後に、勤務先へお礼の挨拶に出向く必要があります。

生前にお世話になったお礼はもちろん、葬儀を手伝ってもらったり、参列してもらったりしたことへのお礼のことばも、きちんと述べるようにします。

そのときに、必要があれば、故人の机やロッカーなどを整理して、私物は持ち帰り、事務手続きがあれば、その場ですませます。

葬儀を執り行うことができました。

生前の厚誼に対するお礼 夫の入院中には何度もお見舞いをいただいたうえに、休職の手続きなど、何かとご相談にのっていただき、ことばでは言い尽くせないほど感謝しております。

今後へのお願い これからは、子どもたちと力を合わせて、夫に笑われないよう、頑張っていくつもりです。今後とも、どうかよろしくお願いいたします。

故人（娘）が通っていた学校の先生へ

お礼のことば 先日は、お忙しい中をご焼香いただきまして、ありがとうございました。先生とクラスの皆さんに見送っていただいて、娘も喜んでいることと思います。

生前の指導に対するお礼 短い間ではございましたが、先生にご指導いただきまして、娘は大変幸せでした。無理かと思っていた修学旅行にも連れて行っていただいて、たくさんのよい思い出ができました。クラスの皆さんにも、くれぐれもよろしくお伝えください。

？ここが 知りたい

★書面による三つの挨拶

葬儀後の挨拶には、次のような書面による挨拶が必要であることも、忘れてはいけません。

① 会葬礼状
② 忌明《きあ》けの挨拶状
③ 喪中年賀欠礼の挨拶状

会葬礼状は、あらかじめ印刷したものを、葬儀・告別式の帰り際に直接手渡すのが一般的になってきました。

式に参列できずに弔電や供物《くもつ》を送ってくれた人には、会葬礼状を郵送します。

忌明けの挨拶状は、香典返しの品の送り状も兼ねています。

故人が入院していた病院の主治医へ

お礼のことば

先生、妻の入院中には大変お世話になりました。先日、お陰さまで無事に葬儀をすませることができました。

生前の治療に対するお礼

入院中は、先生方に手厚い治療をしていただきました。私どもとしても、できるだけのことはしたという思いで、悔いはありません。心からお礼を申し上げます。

故人が入院していた病院の看護師長へ

葬儀の報告

先日、母の葬儀を無事にすませましたので、お礼を兼ねてご報告に参りました。

生前の看護に対するお礼

看護師長さんをはじめ、担当の看護師の皆さんに親身なお世話をしていただいて、本当にありがとうございました。母も、心から感謝しておりました。これは気持ちばかりのものですが、皆さんで召し上がってください。

？ここが知りたい

★病院がお礼の品を拒否する場合は？

病院によっては、お礼の金品を固辞するところもあります。

それでもお礼をしたいという場合は、医師や看護師個人にではなく、医局やナースステーションに、「皆さんでどうぞ」と差し出すとよいでしょう。

なかには、そのようなことも禁じられている病院がありますから、病院の規定に従うようにしましょう。

第7章

法要での挨拶

挨拶をする人が心得ておきたいこと

法要について知っておきたいこと

「法要」は仏式用語で、死後一定期間ごとに営む故人の追善供養のことです。仏式の法要にあたる儀式を、キリスト教では「命日祭（カトリック）」、「記念会（プロテスタント）」、神式では「霊祭」といいます。

仏式の場合は、死後七日目ごとに行う忌日《きにち》法要と、祥月命日《しょうつきめいにち》（故人の亡くなったのと同じ月日）に年ごとに行う年忌《ねんき》法要があります。

忌日法要は、七日目（初七日《しょなぬか》）、十四日目（二七《ふたなぬ》日《か》）、二十一日目（三七日《みなぬか》）、二十八日目（四七日《よなぬか》）、三十五日目（五七日《いつなぬか》）、四十九日目（七七日《なななぬか》）、百か日法要と続きます。

これらの中で盛大に法要が営まれるのは、初七日と七七日忌で、ほかの忌日法要は、身内で営まれるか省略されることが多いようです。

また、初七日法要は、葬儀当日に一緒に行われるのが一般的になっています。

年忌法要は、一周忌（死後一年目）、三回忌（死後二年目）、七回忌（死後六年目）と続き、百回忌まであります。ただし、三十三回忌で死者は完全に成仏するといわれ、これをもって弔い上げ（以降は年忌法要をしない）となります。

法要での施主の挨拶の基本パターン

法要で施主《せしゅ》が行う一般的な挨拶の内容は、参列へのお礼が中心で、故人の思い出やエピソード、遺族の近況報告、今後のつき合いをお願いすることばなどをつけ加えます。

構成法としては、次のような要素を盛り込みますが、すべてを語る必要はありません。

①施主であることを告げて参列のお礼を述べる
②葬儀への出席と心づかいのお礼
③その後の厚誼へのお礼
④故人の思い出・回想
⑤遺族の近況報告
⑥お斎《とき》(会食)の準備をしている場合は、その案内
⑦結びのことば

参列者の挨拶の基本パターン

法要の席で参列者挨拶を求められたときは、次のような要領で話をしましょう。

①自己紹介と席に招かれたお礼
②遺族への懐かしさを述べ、ご無沙汰を詫びる
③近況報告など
④故人の思い出やエピソード
⑤今後の厚誼へのお願い
⑥結びのことば

追悼会では、このように挨拶をする

最近では、宗教にこだわらない形式での追悼会もよく開催されています。追悼会は、故人の遺徳をしのぶという点では、法要と趣旨に違いはありません。自由な形式で行われ、挨拶に決まったパターンはありませんが、故人を懐かしみ、その魂に呼びかけるという気持ちは必要です。

歳月がたつにつれて、故人の死に対する悲しみや苦しみは和らいで、しだいに安らぎと懐かしさがわいてきます。故人の死後どのくらいの時期に催されるかによって、追悼会での挨拶の内容や趣は変わってきます。

死後数年たってから行われる場合は、悲しみを乗り越えて、力強く生きているという前向きな姿勢を示し、その場が和やかな雰囲気になるようなスピーチをしたいものです。

初七日法要での施主の挨拶

父の初七日法要で長男として（葬儀当日に行う場合）

出席へのお礼　本日は、お忙しいところを、葬儀・告別式に続き、骨迎えから初七日《しょなぬか》の法要と、長時間にわたっておつき合いいいただきまして、まことにありがとうございました。

法要終了の報告　お陰をもちまして、初七日の法要も、滞りなく執り行うことができました。改めてお礼を申し上げます。

お世話になったお礼　とくに、南光寺のご住職様には、火葬場にもご同行いただきまして、ありがとうございました。また、世話役をお願いいたしました稲城様、笠間様、それからお手伝いくださった自治会の皆様、本当にありがとうございました。

今後へのお願い　今は張り詰めていた糸が切れたようで、心もとないかぎりですが、落ち込んでいるだけではどうにもなりません。これから精

！ここがポイント

★**施主の挨拶では感謝のことばを自然体で**

法要での施主《せしゅ》の挨拶は、お礼のことばを主にして、故人の思い出や人柄を表すエピソード、今後の厚誼《こうぎ》のお願いなど、ある程度決まったパターンで進めることができます。

しかし、法要に出席するのは、故人との縁が深い人たちばかりですので、あまり紋切り型にならないように、自分のことばで話したいものです。

感謝の気持ちを、素直に表すことが大切です。

一杯生きていきますので、よろしくお願いいたします。

結び　お粗末ですが、お斎《とき》の席を設けてございます。どうかごゆるりと、お疲れを癒《いや》してくださいませ。ありがとうございました。

母の初七日法要で長男として

自己紹介　故人の長男の、明弘です。ひと言ご挨拶申し上げます。

出席へのお礼　本日は、ご多忙のところ、母の初七日の法要にご参列いただきまして、ありがとうございました。

会葬のお礼　また、先日は通夜ならびに葬儀にお運びくださいまして、心からお礼申し上げます。

故人への思い　あれからまだ日が浅いせいか、母の死を現実のものとして受け止められません。台所へ行くと、母が流しの前に立っているのではないかという錯覚に、とらわれてしまいます。

宴席への案内・結び　たいしたことはできませんが、お斎をご用意いたしましたので、お時間の許すかぎり、ごゆっくりとお過ごしになってください。本日は、まことにありがとうございました。

★故人の面影が目に浮かぶようなエピソードを

故人をしのぶことばを述べるときは、故人のとった行動、故人の言ったことば、故人のしぐさなどを披露すると、その人の面影が鮮明によみがえってきます。

それがまた涙を誘うことにもなりかねませんが、故人をしのぶ心は、十分に表現できます。

上の例では、台所に立つ母の姿というひと言で、故人のイメージが、聞く人の心にも映し出されます。

夫の初七日法要で妻として

出席へのお礼 皆様、本日はお忙しい中を、夫の初七日《しょなぬか》の法要にご出席くださいまして、ありがとうございました。

葬儀でのお礼 また、葬儀の折には、皆様に大変お世話になりました。

遺族としての報告 突然のことでしたので、葬儀のときは気が動転して、皆様にもお見苦しいところをお見せしてしまいましたが、もう大丈夫です。皆様の励ましと慰めのおことばのお陰で、ようやく気持ちの整理がつきかけてまいりました。

今後へのお願い これからは、夫が安心できるように、残された子どもたちを一人前に育てていこうと決意しております。どうか、お力添えのほど、よろしくお願い申し上げます。

宴席への案内・結び 今日は、気持ちばかりのお膳で恐縮ですが、お斎《とき》の用意をさせていただきました。遠慮なくおくつろぎになり、故人の思い出など、お聞かせいただければと存じます。

本日は、ありがとうございました。

？ここが知りたい

★法要に招かれたときは供物を持参する

法要に招かれて欠席するのは失礼です。よほどのことがないかぎり、都合をつけて出席しましょう。

その際は、供物《くもつ》を持参するのがマナーです。

供物は、くだもの・菓子・線香・生花などが一般的ですが、「御供物料」として現金を包むことも多くなっています。

なお、御供物料を供えるときは、表書きを仏壇のほうに向けて置きます。

妻の初七日法要で夫として

出席へのお礼　本日は、ご多用中のところ、また悪天候にもかかわらずご出席いただきまして、ありがとうございました。

お詫びのことば　葬儀から数日後にまたお呼び立てをいたしまして、大変恐縮しております。最近は初七日法要を葬儀の当日にすませるそうですが、私どもの都合で皆様に二度もご足労をいただき、申しわけなく思っております。

故人への思い　まだ妻を亡くしたという実感がなくて、山形の実家に帰っているのではないか、そのうちに帰ってくるのではないか、という気がしてなりません。

宴席への案内・結び　世話好きだった妻ほどにはおもてなしできませんが、心ばかりのお食事をご用意しました。どうかおくつろぎになって、召し上がってください。そして、故人の思い出話などお聞かせください。

本日は、まことにありがとうございました。これからもよろしくお願い申し上げます。

？ここが知りたい

★神式では「霊前祭」と「祖霊祭」を営む

神式では、「霊前祭」と「祖霊祭」を営みます。霊前祭は、十日ごとに行います。

- 十日祭
- 二十日祭
- 三十日祭
- 四十日祭
- 五十日祭

五十日祭が忌明《きあ》けで、その後は百日祭になり、一年目には一年祭を行います。ここまでが、霊前祭です。

祖霊祭は、三年祭・五年祭・十年祭と営み、以後十年ごとに五十年祭まで行います。

四十九日法要での挨拶

父の四十九日法要で長男（施主）として

出席へのお礼 本日は、年末のお忙しい時期にもかかわらず、父の四十九日の法要にお運びいただきまして、まことにありがとうございます。

忌明けの報告 お陰さまで、忌明《きあ》けの法要と埋骨の儀を、無事にすませることができました。

葬儀でのお礼 皆様には、先日の葬儀の折も大変お世話になりまして、あわせて厚くお礼申し上げます。

故人をしのぶ 四十九日は、死者が最後の審判を下される日ということですが、私は、父が間違いなく極楽へ行くものと信じています。父のまじめさは折り紙付きでしたし、頑丈な孟宗竹《もうそうだけ》のようにまっすぐな人でしたから、今ごろはうれしそうな顔をして極楽へ向かっていることでしょう。

ここが知りたい

★四十九日の忌明けにすべきことは？

仏教では、死後四十九日をもって忌明けとし、忌明けの法要を営みます。納骨も、この日に行うのがよいとされています。

また、それまで飾っていた祭壇を片付け、神棚のある家では、神棚封じを解きます。そして、閉じていた仏壇を開け、黒塗りの位牌《いはい》を安置します。

忌明けの香典返しと挨拶状の発送も、この日を目安にして行います。

宴席への案内・結び　たいしたおもてなしはできませんが、食事を用意しましたので、召し上がりながら、父の思い出話などお聞かせいただければと存じます。

母の四十九日法要で長女（施主）として

出席へのお礼　本日は、連休の最中にもかかわらず、母の四十九日法要にご出席くださいまして、ありがとうございました。

遺族の心境　早いもので、母が亡くなってからもう一か月以上もたってしまいました。長く入院しておりましたので、万一のことを覚悟していたつもりでしたが、いざ逝《い》かれてみると、気持ちが不安定になって、自分が何をしているのかもわからないようなありさまでした。

葬儀でのお礼　ですから、葬儀では皆様にご迷惑をおかけし、また大変お世話になりました。今ここで、改めてお礼を申し上げます。

今後の決意・結び　母のいない家で、毎日、すきま風が吹き抜けるような思いをしていますが、少しずつ元気を出して頑張っていきます。
皆様、どうかよろしくお願いいいたします。

★自宅で法要を行うときに必要なものは？

自宅で法要を行うには、祭壇が必要です。遺骨と白木の位牌をのせた仏壇のほかに、花や精進料理を入れた霊供膳《りょうぐぜん》、菓子、くだものなどをのせた供物壇《くもつだん》を並べます。

仏壇の前に遺影を飾り、さらにその手前に経机《きょうつくえ》と焼香台を置きます。

席順は、仏壇に近いところに施主《せしゅ》・遺族が座ります。法要の終わりには、施主が挨拶をします。可能ならば墓参りをし、その後にお斎《とき》となります。

夫の四十九日法要で妻（施主）として

出席へのお礼　本日は、夫の四十九日の法要に、このように大勢の方にお越しいただき、心から厚くお礼を申し上げます。

葬儀でのお礼　また、葬儀の際は、皆様にいろいろとお力添えをいただき、ありがとうございました。深く感謝いたしております。

故人をしのぶ　多くの人は、「もう四十九日もたってしまったの」とおっしゃいますが、私は、「まだ四十九日しかたっていない」という気がしています。夫のいない一日一日は長く、何かにつけて夫の顔や夫の声、夫のしぐさなどが思い出され、新たな悲しみがわいてきます。夫の存在が、私にとっていかに大きかったかを痛感しています。

宴席への案内・結び　遠くからせっかくお出かけくださいましたのに、たいしたおもてなしもできずに申しわけございませんが、粗餐《そさん》をご用意いたしましたので、お時間までごゆっくりお過ごしいただければと存じます。

本日は、まことにありがとうございました。

？ここが知りたい

★法要の会場を選ぶとき

法要をどこで行うかは、重要な問題です。自宅でできればいちばんよいのですが、納骨を予定している場合や、墓参りをする場合などは不都合です。

お寺で行う場合は、法要後の食事が問題です。近くの料亭やレストランなどを別に予約するか、お寺の一室を借りて、仕出し料理をとる必要があります。

追悼会的な要素が強ければ、セレモニーの施設を借り、食事に重点を置いてもよいでしょう。

妻の四十九日法要で夫（施主）として

出席へのお礼　故・水越英美の四十九日の忌明《きあ》けに際し、ご多忙中にもかかわらず大勢の方にご出席いただきまして、厚くお礼申し上げます。

葬儀でのお礼　皆様には、通夜から葬儀、そしてその後も何かとお世話になりまして、ありがとうございました。後始末などに追われて、きちんとした挨拶もせず、大変失礼いたしました。ここに深くお詫びし、謹《つつし》んでお礼を申し上げます。

遺族の心境　男とは情けないもので、妻に死なれてから、すっかり気力がなくなって、何もする気が起きなくなり、本当に何もできません。亡くなってからはじめて妻のありがたさがわかり、なぜもっと大切にしてやらなかったのかと、悔やんでおります。男性の皆様は、どうか今のうちに、奥様に優しいことばをかけてあげてください。

宴席への案内・結び　皆様におくつろぎいただきたく、酒肴《しゅこう》を用意しましたが、妻がおりませんので、不行き届きのことがあるかと思います。失礼の段はどうかご容赦ください。本日はありがとうございました。

ここがポイント

★葬儀でお世話になったお礼を

初七日《しょなぬか》の法要を葬儀当日に繰り上げて行った場合は、四十九日の法要が、葬儀後初めての法要になります。そこで、葬儀の際にお世話になったお礼を述べることが必要です。

故人の死去から一か月以上たち、気持ちも少しは落ち着いていることと思います。葬儀のときに言えなかったお礼のことばを伝える機会と考え、きちんと謝辞を述べましょう。

一周忌法要での挨拶

母の一周忌法要で長男（施主）として

出席へのお礼　皆様、本日はお忙しいところを、母の一周忌の法要に大勢の方においでいただきまして、まことにありがとうございました。

葬儀などでお世話になったお礼　皆様におかれましては、葬儀をはじめ、四十九日の法要、百か日法要にもご参列いただき、さまざまなお力添えを賜りました。この席をお借りして、改めてお礼申し上げます。母が亡くなって家族のみんなが落胆しておりましたが、最近になってようやく笑顔で遺影に語りかけられるようになりました。こうして曲がりなりにも一周忌の法要を行えますのも、皆様から温かい励ましと、ご助力をいただいたお陰です。

宴席への案内・結び　心ばかりの食事ではございますが、どうぞお召し上がりください。本日は、どうもありがとうございました。

？ここが知りたい

★年忌法要の前の供養

四十九日が過ぎて、故人が初めて迎えるお盆を、「新盆《にいぼん》」といいます。

また、亡くなってから百日目のことを、「百か日」または「卒哭忌《そっこくき》」、あるいは「出哭忌《しゅっこくき》」といいます。

卒哭とは「哭《な》くことが終わる」という意味、出哭とは「苦しみから脱出した境地になる」という意味で、どちらも悲しみが薄らいでくるころを言い表しています。

父の一周忌法要で長女(施主)として

出席へのお礼

故・大津立吉の、長女の早苗です。ひと言ご挨拶申し上げます。皆様、本日は亡き父の一周忌法要にご出席いただきまして、ありがとうございました。親戚の皆様をはじめ、親しくしていただいたご友人や会社の皆様にお集まりいただきまして、父もきっとあの世で喜んでいることと思います。

厚誼へのお礼

父が亡くなって、もう一年がたってしまいました。その間、四十九日、百か日、新盆と、父の供養を何度か行いましたが、そのたびに皆様にご足労いただき、まことにありがたく、厚くお礼申し上げます。また、折に触れ、温かい励ましやご助言をいただき、遺族は大変力づけられております。改めてお礼申し上げます。

宴席への案内・結び

ささやかなお食事をご用意いたしましたので、どうかごゆっくりおくつろぎいただき、ひととき父の思い出話などをしてお過ごしください。簡単ではございますが、お礼の挨拶とさせていただきます。本日は、ありがとうございました。

ここがポイント

★法要終了時の挨拶

参会者の焼香がすむと、法要は終了です。宗派によっては、僧侶が法話をすることもあります。

儀式が終了したところで、施主《せしゅ》が挨拶します。僧侶と参会者にお礼を述べ、墓参の予定とお斎《とき》(会食)の案内をします。

お斎を設けない場合は、帰り際に、用意しておいた折詰めやお酒、引き出物を渡します。

夫の一周忌法要で妻（施主）として

出席へのお礼　本日は、夫の一周忌の法要にお集まりいただきまして、まことにありがとうございました。お陰さまで、一周忌の法事も無事にすますことができました。皆様のお元気なご様子を拝見できたことが、夫にとって何よりの供養になったのではないかと思います。

近況報告　夫のいない生活にもようやく慣れてまいりましたが、亡くなって間もなくのころは子どもたちもずいぶん寂しい思いをして、皆一様に口数が少なくなっていました。でも、このごろは、子どもたちも笑顔を見せるようになりました。

今後の決意　これからも、夫の遺志を継いで、子どもたちを一人前に育てるために、一生懸命に頑張ります。どうか、今後とも変わらぬご厚誼《こうぎ》を賜りますよう、よろしくお願い申し上げます。

宴席への案内・結び　格別のおもてなしはできませんが、感謝の気持ちを込めてお膳をご用意いたしましたので、どうかお召し上がりください。皆様のご健康とご多幸をお祈りして、お礼のことばといたします。

こんな表現法もある

お斎の案内をするときに用いることば

- 忌明《きあ》けの膳
- お斎《とき》の席
- 酒肴《しゅこう》の用意
- 粗餐《そさん》を用意
- 心ばかりのお膳
- ささやかな食事
- たいしたおもてなしもできませんが、宴席を準備しました。
- 何もありませんが、こちらの料亭の板前さんに腕をふるっていただきましたので……

妻の一周忌法要で夫（施主）として

出席へのお礼　皆様、本日はご多用中のところを妻の一周忌の法要にご参列いただきまして、ありがとうございました。

近況報告　妻が亡くなって一年が過ぎ、少し気持ちが落ち着いてきました。冷静に妻の死を見つめることができるようになりましたので、ちょっと心境を述べさせていただこう、と思っております。

故人をしのぶ　私は亭主関白で、「女房の死に水をとる役目などごめんだから、おれより長生きしろ」と言っていたものです。ところが、先に逝《い》かれてしまって、悔しいやら腹立たしいやらで、自分を抑えることができませんでした。でも、それは私の妻への愛情表現だと娘に言われて、気がつきました。年がいもなくて恥ずかしいのですが、私は自分で考えていた以上に妻を深く愛していたのです。一周忌を迎えて、やっと「愛している」と口にできるようになりましたので、ご報告する次第です。

宴席への案内・結び　ささやかですが、酒席の用意がしてあります。故人を肴《さかな》に皆さんと語り合いたい気分ですので、おつき合いください。

ここが知りたい

★施主は参列者より格上の服装を

一周忌までは、施主《せしゅ》は正式の喪服を着用します。家族も、学校の制服や、地味な色の服を着用します。

参会者に敬意を表す意味で、参会者より改まった服装にするのが礼儀です。

三回忌には、ご招待する方に「平服でいらしてください」と通知をしたほうがよいでしょう。

参会者(故人の教え子)の宴席での挨拶

自己紹介　私は、○○小学校で渡辺先生にお世話になった、教え子の木原宗太郎と申します。

故人をしのぶ　小学校の同窓会を去年の四月にやり、先生にもご出席いただいたのに、十一月に訃報《ふほう》を受け取ったのですから、本当に驚きました。同窓会のときは大変お元気で、私たちのばか話をニコニコしながら聞いてくださいました。あのときの笑顔が忘れられません。葬儀に駆けつけたときも、遺影の先生はほほえんでおられました。亡くなられたなんて、とても信じられませんでした。

私たちは、子どもも独立して、自由に集まれる年になっています。これからは、毎年同窓会を開いて先生と飲もう、と旧友たちと話しておりましたのに、本当に残念です。

故人への呼びかけ　敬愛する渡辺先生、先生はいつまでも私たちの心の中で生きています。感謝を込めて、ご冥福《めいふく》をお祈りいたします。

結び　本日は、お招きいただきまして、ありがとうございました。

ここがポイント

★思い出話を淡々と述べる

一周忌のころになると、遺族の悲しみも癒《い》えて、少し余裕が生まれてきます。

参会者が故人の思い出話をして新たな涙を誘う必要はありませんが、故人との触れ合いをまったく話さないのは、遺族の望むことではありません。

故人の人柄が浮かぶような話なら、悲しみがよみがえってくることはないでしょう。

遺族を悲しませないように、故人をしのぶ思い出話を、淡々と述べるのがベストです。

参会者（故人の上司）の宴席での挨拶

招待へのお礼 ○○商事の青野です。本日は、田沢さんの一周忌法要にお招きいただきまして、ありがとうございます。

ご無沙汰を詫びる あれからもう一年がたったのですね。早いもので、告別式で弔辞を捧げたのが、つい昨日のような気がします。それ以後なんのご挨拶もせずに今日まできてしまい、大変ご無礼いたしました。

故人の思い出 田沢さんは、仕事のできる有能な社員であっただけでなく、リーダーとしての才能もおもちでした。今でも、トラブルが起きたりすると、「こんなときに田沢さんがいてくれたら」という声が出ます。酒を飲めば、やはり彼の思い出話になりますし、わが部には欠かせない人だったと、今さらながら思っております。

支援の約束 そのように、田沢さんはわれわれの記憶の中で生きているのですが、遺族の皆さんの心の中には、もっと鮮明に彼が生きておられることでしょう。これからも、何かありましたら遠慮なくご相談ください。少しでもお力になれればと思っております。

!! こんな 表現法もある

励ますことばと支援を約束することば

- 残されたお子様を、しっかりと守ってください。
- 心を強くもって生きていってください。
- いつまでもお健《すこ》やかに。
- どうかご自愛くださいますよう。
- 私で力になれることがありましたら、なんでもいたしますので、遠慮なくおっしゃってください。
- 協力を惜しみません。
- 応援しています。
- できるかぎりのお力添えをしたいと思います。

三回忌・七回忌法要での挨拶

父の三回忌法要で長男（施主）として

出席へのお礼 皆様、本日は亡き父の三回忌の法要にお越しくださいまして、ありがとうございました。

厚誼へのお礼 皆様には、葬儀の折とその後の法要で、ありがたいご厚情を賜り、心からお礼を申し上げます。

ご無沙汰を詫びる 日ごろはご無沙汰ばかりいたしまして、まことに申しわけなく思っております。こうして皆様のお元気なお顔を拝見いたしますと、安心するやら懐かしいやらで、春の風に吹かれる心地がいたします。父も、あの世から見てさぞ喜んでいることでしょう。

心境 最近、話し方やしぐさが父と似てきたようです。周りの者がそう言いますし、やはりカエルの子はカエルですね。

宴席への案内・結び 今日は、別室に昼食のご用意をいたしました。ど

？ ここが知りたい

★**法要を営む日に不都合が生じたときは**

祥月《しょうつき》命日が年末や正月にかかる場合は、法要の日取りを変更して行うことが多いものです。

そんなときは、命日より遅らせると、供養をないがしろにしているととられかねないので、それより前にずらすようにします。

同じ年に二つの年忌法要が重なる場合は、「併修」といって、命日の早いほうに合わせて、両方を一緒に営むことがあります。

うか、父をしのびながら、ごゆっくりなさってください。
本日は、まことにありがとうございました。

夫の三回忌法要で妻(施主)として

出席へのお礼 本日は、お暑い中を、また遠路はるばる夫の三回忌にお運びいただき、まことにありがとうございました。

厚誼へのお礼 皆様にはお変わりがなく、何よりと存じます。早いもので、夫が亡くなりましてからもう二年がたちました。その後、お陰さまで、私ども遺族もつつがなく毎日を送っております。

近況報告 夫が亡くなったとき、長男はまだ大学生でしたので、どうすればよいかわからずに途方に暮れましたが、皆様から物心両面でのご支援をいただき、苦しい坂を上りきることができました。今、私はスーパーで働いておりますし、長男は今年の春に大学を卒業して就職しましたので、ひと安心しております。

宴席への案内 気持ちばかりのお膳ではございますが、おくつろぎいただいて、夫の思い出話などおうかがいできればと存じます。

? ここが 知りたい

★神式の式年祭の種類は?

神式でも、故人の祥月命日に一年祭を行います。

それからは「祖霊祭」といい、三年祭、十年目からは十年ごとに、十年祭、二十年祭、三十年祭、四十年祭、五十年祭まで行います。

儀式が終わったあとで、酒席のもてなしをするのは、仏式と変わりません。

式年祭に招かれたときは、「玉串料」を用意して、地味な平服で出席します。

母の七回忌法要で長男（施主）として

出席へのお礼
法要の施主《せしゅ》として、ひと言お礼のご挨拶をいたします。
本日はお忙しい中、亡き母の七回忌の法要にご参列いただきまして、ありがとうございました。生前と変わらぬご厚誼《こうぎ》を賜り、母もさぞ喜んでいることでございましょう。

故人の思い出
光陰矢のごとしで、母が逝《い》きましてから、はや六年の歳月が流れました。
六年もたったというのに、私の頭の中の母の面影は、いっこうに薄らぎません。むしろ、最近のほうが鮮明によみがえってくることがあります。不思議なことに、その面影は母の晩年の姿ではなく、私が幼かったころの母なのです。やはり、子どもにとっては、若かりしころの母親は理想の女性なのかもしれません。

宴席への案内・結び
今日はそんな母をしのびながら、皆さんと思い出話ができればと存じます。粗末なお膳で恐縮ですが、お酒だけはたっぷり用意しておりますので、ごゆっくりお過ごしください。

？ここが知りたい

★弔い上げのあとは永代供養をお願いする

三十三回忌は、「清浄本然忌」とも呼ばれ、弔い上げとされています。
三十三年目には、どのような罪を犯した人でも無罪放免となり、極楽往生できるので、弔い上げとするわけです。
そこで、その後の供養をお寺に託し、〝永代供養〟をお願いします。もちろん、永代供養料をお寺に納める必要がありますが、その金額は一律ではありません。

第8章

葬儀・法要に関する手紙

死亡通知

～死亡を知らせる通知状

つながりの深い人にすみやかに送る

死去したことを知らせる死亡通知状は、喪主《もしゅ》や葬儀・告別式の日時、場所が決まりしだい、できるだけ早く出します。遅くとも、葬儀の前日までに先方に届くように手配しましょう。

送る範囲は、近親者、とくに親交のあった友人・知人などですが、日程が差し迫っている場合は、電話での通知もやむを得ません。むしろ一般的な家庭では、死去の知らせは電話を使って行うことが多いようです。

それでも、とりあえず葬儀をすませ、日を改めて本葬を行うという場合や、葬儀は近親者のみですませたが、生前の厚誼《こうぎ》に深謝するという場合には、死亡通知状を出すのが普通です。

形式に基づいて伝えるべきことを明確に

死亡通知状には一定の形式があり、印刷して出すのが一般的です。ほとんどの場合、日程的にあまり余裕がないものですが、記入漏れがないように注意しながら、礼儀を尽くした書面にします。

死亡理由などは必ずしも明らかにする必要はありませんが、葬儀・告別式の通知を兼ねている場合は、その日時、場所を明確に記します。

【葬儀前に出す場合の記述内容】

- 故人との続柄
- 故人の氏名、年齢
- 死亡日時、死亡理由
- 生前の厚誼への謝意
- 葬儀・告別式の日時、場所

- 発信年月日
- 喪主・遺族の住所、氏名

【葬儀後に出す場合の記述内容】

- 故人との続柄
- 故人の氏名、年齢
- 死亡日時、死亡理由
- 葬儀をすませたことの知らせ
- 葬儀の通知を控えた理由とお詫び
- 生前の厚誼への謝意
- 発信年月日
- 喪主・遺族の住所、氏名

親しい人への通知でも感情を抑えた書き方を

葬儀後、故人の恩師や遠方の友人などに、個人的に死亡を知らせる場合、気をつけたいのは感情を抑えて書くということです。遺族として悲しみの気持ちを表現したくなるのは無理からぬことですが、感情そのままのストレートな書き方は控えましょう。事実を淡々と伝え、生前の厚情に対するお礼を心から述べることで、抑えた悲しみは静かに相手に伝わるものです。

Column

「死亡広告」

死亡広告とは、社葬の場合や著名人が亡くなった場合に新聞でそれを知らせる広告のことですが、個人的な葬儀でも、交際範囲が広くて連絡先が多いという場合に、出すことがあります。内容は死亡通知状と同じで、故人の氏名、年齢に始まり、死亡日時、死亡理由、生前の厚誼への感謝、葬儀の日時などが記されます。

ところで、北海道や沖縄では、ごく普通の人でも死亡広告を出します。この風習は、より多くの人に弔問してもらって金銭面で援助し合うという、〝相互扶助〟の精神によるものです。

死亡通知の基本文例

❷生前の厚誼への感謝
あいさつできないまま旅立った故人に代わり、生前に受けた厚情すべてに謝意を表する。

❶前文省略
時候のあいさつなどは省略。姓が同じ家族が喪主の場合、故人の氏名は名前だけでよいが、姓の異なる場合はフルネームで。

❶父真一郎儀　昨年来より病気療養中でございましたが、薬石効なく
三月十五日午前七時二十分　七十八歳をもって永眠いたしました
❷ここに生前のご厚誼に感謝し　謹んでご通知申し上げます
なお　葬儀及び告別式は❸仏式により左記のとおり執り行います

日時　三月十九日
　　葬　儀　午後一時〜二時
　　告別式　午後二時〜三時
場所　柏木斎場（JR○○線○○駅下車）❹

平成○年三月十六日

東京都中野区東中野○─○─○
喪主　安田伸也
外　親戚一同

❹会場へのアクセス
参列者のために会場への行き方を記しておくと親切。供花や供物を辞退する場合は、この後に行を改めてその旨の一文を入れる。

❸葬儀の形式
仏式、キリスト教式、神式など、葬儀を営む宗教を明記する。

祖父の友人に祖父の死を知らせる

突然ではございますが、祖父大作が八月八日、急性心不全にて他界いたしました。八十歳の生涯でした。

生前、佐々木様には公私にわたり親しくおつき合いいただき、まことにありがとうございました。故人に成り代わりまして、心より厚くお礼申し上げます。

なお、葬儀につきましては、故人の遺志に従い、身内のみにて営みました。ご連絡を差し上げませんでしたご無礼を、何とぞお許しください。

略儀ながら、謹んで右ご通知申し上げます。

平成○年八月十五日

長谷川大輔

！ここがポイント

★通知しなかったお詫びは必ず入れる

葬儀後に出す死亡通知状に、葬儀の通知を控えた理由とお詫《わ》びは不可欠です。理由はさまざまですが、先方が療養中と聞いていたので遠慮した、などの相手側の事情を考慮した場合でも、失礼したお詫びは添えるのが礼儀です。

★死亡通知の句読点

印刷して出す死亡通知の場合、行頭をそろえて句読点を入れないのが儀礼文書としての慣例ですが、個人的に手書きで出す場合は、その必要はありません。

会葬礼状

～会葬者へのお礼状

葬儀会場で手渡すケースがほとんど

会葬礼状は、香典をいただく、いただかないにかかわらず、わざわざ会葬してくださったことへのお礼の挨拶状です。本来は葬儀をすませたあとに郵送するものですが、最近では葬儀会場で、印刷した礼状を清めの塩やハンカチなどとともに手渡すのが一般的です。

渡すタイミングは、葬儀後に参列者が退場する際、あるいは入場前に記帳する際など、ケース・バイ・ケースです。

文面には、ほぼ一定の型がある

死亡通知状と同様に、会葬礼状にも盛り込むべき内容が決まっています。だいたい次のようなものです。

- 会葬や香典へのお礼
- 葬儀の不行き届きへのお詫《わ》び（省く場合もある）
- 書面でお礼を述べる失礼へのお詫び
- 発信年月日
- 喪主《もしゅ》・遺族の住所、氏名

手紙文の慣用句をこれに当てはめていけば問題なく作成できますが、葬儀社で用意している既製の会葬礼状を利用しても失礼にはなりません。

葬儀は仏式で執り行われるとは限らず、キリスト教式や神式の場合もあります。ただし、ほとんどは仏式であるため、参列者の多くは仏式以外の会葬礼状にはなじみが薄いものです。キリスト教式あるいは神式の会葬礼状を作成する場合は、違和感を与えないために、できるだけ宗教色を抑えた表現を心がけたほうがよいでしょう。

供物・供花を辞退した場合に注意したいこと

故人の遺志で供物《くもつ》・供花《きょうか》を辞退する場合は、死亡通知状の中で、葬儀・告別式の日時を記したあとに、「勝手ながら故人の遺志により供物・供花の儀は固くご辞退申し上げます」などのことばを添えます。

会葬礼状は葬儀社で用意しているものを用いるケースが多いが、必ず内容の確認を。

ここで気をつけたいのは、最初にそのように断っておきながら、会葬礼状の中に供物・供花へのお礼のことばを入れてしまうことです。取り込み中とはいえ、こうした不手際はあまり感じのよいものではありません。とくに、葬儀社で用意している文例を利用するときには、しっかりチェックするようにしましょう。

故人と親交の深かった人へは改めて礼状を

会場で印刷した礼状を渡してあっても、故人ととくに親しかった人、葬儀で世話になった人などへは、改めて手書きの礼状を送ると気持ちが伝わります。

この場合、謝意を表するのに決まりごとはなく、慣用句を並べて、無理に格式ばった文章にする必要はありません。自分のことばで自由に書いてかまわないのですが、感傷的になりすぎないように注意しましょう。

会葬礼状の基本文例

❶会葬への感謝
忙しい中を参列していただいたことに礼を述べる。厳寒、猛暑、雨天など、悪天候だったときはそれにも触れる。

❷香典への感謝
印刷の場合、「ご香料」「お香典」などの直接的なことばは避ける。「ご芳志」でもよい。

亡父正雄の葬儀および告別式に際しましては ❶ご多用中にもかかわらずご会葬いただき さらにご丁重なる❷ご厚志まで賜りまして まことにありがたく厚く御礼申し上げます
取り込み中のこととて 十分なご挨拶もできませず❸不行き届きの点も多々あったかと存じますが何とぞご容赦くださいますようお願い申し上げます
さっそく拝趨のうえご挨拶を申し上げるべきところ 略儀ながら書中をもちまして御礼申し上げます❹

平成○年十一月五日

神奈川県横浜市中区山下町○―○―○
喪主　近　藤　正　志
外　親　戚　一　同

❸不行き届きのお詫び
葬儀当日、取り込んでいたために行き届かない点があったことをお詫びする。

❹略儀のお詫び
本来なら出向いて直接お礼を言うべき。「お礼状」は略儀なので、それを詫びる。「拝趨」は出向く意で、「拝眉」「参上」などでもよい。

夫の先輩への会葬のお礼

過日はお忙しい時期にもかかわらず、亡き夫和也の葬儀にご参列いただき、まことにありがとうございました。そのうえ過分なご香料を賜り、厚くお礼申し上げます。

当日は取り込んでおりまして、ゆっくりお礼を申し上げることもかなわず、大変失礼いたしました。

夫の療養中には、何度も心温まるお見舞いの手紙をいただき、お心遣いに深く感謝申し上げます。お手紙が、どれほど夫の心の支えとなっていたかわかりません。体調のいいときには、新入社員時代に原田様のお伴をして外回りをした話を、楽しそうに語ってくれました。そのときの様子が、昨日のことのように思い出されます。

ここに改めまして、生前夫が賜りましたご厚誼に感謝いたし、略儀ながら書中をもってご挨拶とさせていただきます。

ここがポイント

★当日伝えられなかった謝意が中心

自筆での礼状には、会葬や生前の厚誼《こうぎ》へのお礼だけでなく、お見舞いや心配りへのお礼も入れます。また、当日は取り込んでいたために、それを直接言えなかったという失礼を詫《わ》びることばも入れると丁寧です。

★感謝のことばにエピソードを添えても

「いただいたお見舞い状を最期《さいご》までお守りのように持っていた」など、身内だから語れるエピソードを添えると、感謝の気持ちがよりいっそう伝わります。

父の故郷の友人への会葬のお礼

先日は厳寒の中、またお忙しいところ、亡父靖彦の葬儀に遠路はるばるお越しいただき、ご焼香くださいましてありがとうございました。さらに、ご丁重なるお供物まで頂戴いたしまして、厚く御礼申し上げます。

ご存じのように、父は大の酒好きで、機嫌よく飲んだ日に必ず出るのは、生まれ育った津軽の話でした。かなうことなら今一度、故郷の地を踏ませてやりたかったと存じますが、病から解放された父の魂は、もしかすると今ごろは津軽の空にあるのかもしれません。そう考えると、いくらか救われる思いがいたします。

武田様には、幼少のころより父が大変お世話になりました。父に代わりまして生前のご恩に感謝申し上げますとともに、今後も変わらぬご厚情を賜りますよう、切にお願い申し上げます。

ここがポイント

★遺族として現在の心境や決意を述べる

故人がとくに親しかった人など、悲しみを共有できる相手には、葬儀後の現在の心境を素直につづるのもよいでしょう。気持ちをわかってくれる人に書くことで、多少なりとも心が落ち着くものです。

また、「故人の遺志を継いで家業に精を出す所存」といった決意を記すと、悲しみの中に明るいものが見えて、相手も安心します。

母の趣味仲間への会葬のお礼

このたびは炎天下にもかかわらず、母節子の葬儀にご参列くださいまして、まことにありがとうございました。連日お運びいただいたうえ、サークルのお仲間にご連絡いただき、何かとお手伝いくださいましたことも、感謝の念にたえません。取り込み中のことで十分なご挨拶もできませんでしたご無礼を、何とぞお許しください。

一昨年に突然の病で父が急逝して以来、母は家にこもりがちで、めったに笑うこともありませんでしたが、思いがけないご縁で入会させていただいて以来、日を追うごとに以前の明るさを取り戻してくれました。皆様と活動を共にしたこの五年間は、母にとって第二の青春だったのではないかと思います。今ごろは父と再会し、楽しくそれを報告していることでございましょう。

まずは生前のお礼を込めまして、ご挨拶申し上げます。

こんな 表現法もある

葬儀当日の不行き届きを詫びることば

●当日はゆっくりお礼を申し上げるいとまもなく、何かと行き届かぬ点があったかと存じますが、どうかお許しください。
●混雑に取り紛れ、行き届かぬ点ばかりで失礼いたしましたことを、お詫び申し上げます。
●当日は不行き届きにてご迷惑をおかけし、大変失礼いたしました。

お悔やみ状

～参列できない場合の弔慰の手紙

訃報を受けたらすぐに出すのが礼儀

お悔やみ状は、訃報《ふほう》を受けても通夜や葬儀に参列できない場合に出す弔慰の手紙です。弔問の代わりとなるものなので、不幸を知ったらただちに弔電を打ち、なるべく早く出すようにします。いかに真心を込めて書いても、何日もおいてからでは「伝わり方が不十分になってしまいます。

ただ、後日訃報を知った場合は、遅くなるのもやむを得ません。知らずにいたお詫びを添えて、すぐにお悔やみ状を出します。

あて名は、故人が友人の親などであれば、当然友人の名前ですが、友人が故人の場合は、喪主《もしゅ》あてにします。喪主がわからなければ、「故○○様ご遺族様」のようにします。

お悔やみと遺族への励ましを自分のことばで

お悔やみ状は、時候の挨拶などの前文は省略し、主文となるお悔やみのことばから始めます。ともに悲しむ気持ちで故人を悼《いた》み、生前受けた印象や思い出などにふれますが、先方の悲しみを深めない配慮が必要です。大げさな悲嘆の表現や、長々とした思い出話は避けましょう。

遺族を慰めることも、お悔やみ状では不可欠です。心からいたわり、励ますことばを、相手との親交の度合いに応じた書き方で、簡潔に記します。

お悔やみ状は、ともすると形式的な文面になりがちですが、読む人の心に響くものでなければ意味がありません。飾り立てない自分のことばで、不幸に見舞われている相手の身になって、したためることが大切です。「返す返すも」などの忌《い》みことばに注意することは、いうまでもありません。

関係のない話題には触れず、親しい間柄でも丁寧に

相手を気遣い、励ますのが目的のお悔やみ状で、関係のない話題に触れるのはマナー違反です。自分の近況なども書く必要はありません。

また、親しい友人などに書く場合でも、くだけた表現は避け、改まった文面にします。「大変なときだからこそ、いつもの調子で励ましてやりたい」と考えるのも、一つの思いやりかもしれませんが、遺族の悲しみの深さは、よそからは計り知れないものです。やはり、ふだんとは違う気持ちで、丁寧に書くことを心がけるべきでしょう。

注意すべき点として、親しい間柄だとつい書いてしまいがちなのが「追伸」ですが、これは禁物です。「追う」は「死者を追う」ことを連想させる忌みことばで、「追って」も同様です。

香典を同封する場合はこんな注意も

お悔やみ状に香典を同封するときは、その旨を文末でさりげなく述べ、霊前に供えてくれるようにお願いします。

香典は不祝儀袋に入れ、現金書留にして送りますが、不祝儀袋や表書きは宗旨によって違うので注意が必要です。故人の宗旨がわからない場合は、どの宗教にも使える「御霊前」とするのが無難です。または、「御花料」でもよいでしょう。市販されている不祝儀袋を利用する場合、蓮の花が印刷されているものは仏式に限られます。

葬儀後しばらくして不幸を知り、お悔やみ状を添えて香典を送りたいというケースでは、先方が仏式の場合、四十九日以降は、表書きを「御仏前」とします。「御香料」は、通夜から法要まで使える表書きです。浄土真宗では、はじめから「御仏前」です。

お悔やみ状の基本文例

❶訃報への驚き
前文は省略し、訃報を受けたときの驚きと悲しみ、お悔やみのことばを述べる。

❷故人との関係
故人が友人や知人の場合は、お悔やみ状の差出人がだれなのか、遺族にわかるように必ず明記する。

❶ご主人様急逝の悲報に接し、ただ茫然と立ち尽くすばかりで申し上げることばが見つかりません。奥様のご心痛いかばかりかと、胸がふさがる思いです。心よりお悔やみ申し上げます。

❷ご主人様には、目黒支店に異動になりましたときに、公私ともに親身にお世話いただきました。郷里に戻るために退職するまでの四年間が、ご教示いただいたお話とともに、鮮やかに思い出されます。

本来ならば、即刻ご焼香に伺うべきところ、遠方のことでそれもままならず、心ならずも失礼させていただきます。❸

奥様には、どうかお力を落とされず、ご自愛専一にと祈念いたします。些少ながら、ご香料を同封させていただきました。ご霊前にお供えいただけましたら、ありがたく存じます。

まずは書中にて、謹んでご冥福をお祈り申し上げます。

合掌❹

❸葬儀欠席のお詫び
不本意ながら弔問できない理由を述べ、丁寧にお詫びする。

❹仏式限定の結語
お悔やみ状には頭語をつけないので、基本的に結語もなし。「合掌」は仏式の場合に限られる。

親を亡くした友人へのお悔やみ状

お父様にはご養生のかいなくご他界とのこと、順調に回復されているご様子でしたのに何ということでしょう。長年親しくさせていただいていた身としていまだ信じられず、涙がこみ上げてきます。まして、だれよりもお父様思いだったあなたのこと、そのご心中を思うと胸が痛んでなりません。悲しみのあまりお体をこわされることのないように、ひたすらお祈り申し上げるばかりです。

すぐにでも駆けつけてお参りさせていただきたいのですが、よんどころない事情でそれがかなわず、心苦しく思っております。本当にごめんなさい。

心ばかりですが、ご香料を同封させていただきます。ご霊前にお供えくださいますように。

お父様のご冥福をお祈りしつつ、心よりお悔やみ申し上げます。

ここがポイント

★弔問できない理由は簡潔に

くどくどとことばを並べるのは言い訳がましいので避け、できるだけ簡潔に記します。また、結婚式など慶事が理由で参列できない場合は、「よんどころない事情で」とぼかした表現にする配慮が必要です。

★ことば選びは慎重に

慰めるつもりのことばで、逆に相手を傷つけてしまうことがあります。たとえば子どもを亡くした人に、「ほかにもお子さんはいることですし」などと書くのは、絶対に控えるべきことです。

妻を亡くした先輩へのお悔やみ状

　奥様ご急逝の報に接し、何かの間違いではと、しばらくは声も出ませんでした。家内などは先ほどから泣きどおしのありさまです。

　三年の任期を終えられ、ようやく帰国されたのがわずか半年前。日本に戻ったらやりたいことがたくさんあると、お二人で楽しそうに語り合っていらしたというのに、なぜ、どうして、ということばしか浮かんでまいりません。

　私ども夫婦にとりまして、お二人は初めての海外生活を支えてくださった恩人です。とくに奥様には、どれほどお世話いただいたかわかりません。今すぐ駆けつけられないのが、本当に無念です。

　来月の一時帰国には必ずやお参りさせていただきますが、心ばかりのものを本社の川口勲君に託しました。ご霊前にお供えください。

　取り急ぎ書中にて、奥様のご冥福を心よりお祈り申し上げます。

？ここが知りたい

★お悔やみ状を書くときに気をつけたいことは？

　忌《い》みことばに注意する以外に、便箋《びんせん》や封筒の選び方・使い方で心得ておきたいマナーがあります。

　まず便箋・封筒は色柄ものを避け、白を用います。改まった手紙は白が基本ですから、哀悼の意を表して書くお悔やみ状では当然のことです。

　また、不幸が重なることを避ける意味で、封筒は二重ではなく一重のものを使用します。

亡き恩師の遺族へのお悔やみ状（葬儀後に訃報を知った場合）

水野先生ご逝去の悲報、ただいま友人より耳にいたし、あまりのことに茫然としております。先生には人一倍お世話になっておきながら、今日まで存じ上げずにいたとは、田舎に引っ込んだためとは申せ、お詫びの申し上げようもございません。

ここに謹んで、お悔やみ申し上げます。

今にして思えば、先生の古稀を祝う会でお目にかかったのが最後となってしまいました。郷里の中学校で教鞭をとっているとご報告した折、「そうかそうか」と笑顔で何度も小さくうなずいていらしたお顔が、忘れられません。

奥様にはさぞお力落としのことと存じますが、お体にお障りありませんようご自愛ください。なお、心ばかりの御香料を同封させていただきました。ご霊前にお供え賜りたくお願い申し上げます。

!! こんな表現法もある

香典を同封する場合のことば

● お悔やみの気持ちに代え、些少ですが御花料を同封させていただきました。

● 失礼ながら、ご霊前にお供えいただきたく、心ばかりの御香料を同封申し上げました。

● 同封の包みはほんの心ばかりですが、ご霊前にお供えください。

● まことに失礼とは存じますが、お供花代わりのものを同封いたしましたので、ご霊前にお供えくださいますようお願い申し上げます。

お悔やみ状への礼状

無理に急がず、気持ちが落ち着いてからでも

礼状は早いに越したことはありませんが、落胆から何をする気にもなれなかったり、疲れが出たりしているようなときにまで、無理して早く出す必要はありません。身辺の整理がある程度つき、気持ちが落ち着いてからで十分です。四十九日の法要後などを目安にするとよいでしょう。忌明《きあ》けには香典返しをするのが一般的ですから、お悔やみ状に香典が同封されていた場合は、お礼状を添えて香典返しの品を送ります。

香典同封のお悔やみ状を早々といただいたのに、四十九日まで何もしないで過ごすのは気が引ける、という人もいるでしょう。その場合は、まず礼状を出し、四十九日が過ぎてから改めて香典返しをすると、丁寧です。

前文は省略して冒頭から謝意を述べる

お悔やみ状への礼状でも、時候の挨拶などの前文は不要です。寄せられたお悔やみのことば、香典や供物《くもつ》に対する感謝の気持ちを冒頭から述べ、葬儀あるいは四十九日法要を無事にすませることができたことを報告します。

続いて、現在の心境や今後の決意などを簡潔に述べますが、短くてもハガキではなく、封書で出すのが礼儀です。

現在の心境は暗くなりすぎないように

お悔やみ状によってこちらを慰め励まし、健康

を気づかってくれた相手には、お礼の気持ちだけでなく、少しでも前向きな姿勢を伝えたいものです。悲しみが完全に癒《い》えたわけではないとしても、読む人の気を重くするような、暗いことばかりを書き連ねるのは控えましょう。

今後に向けての決意は、「故人の遺志を継いで家業に精励する」のような、具体的なものでなくてもかまいません。「明るかった母のためにも笑顔を忘れずに生きていきたい」「夫が始めたばかりだった陶芸を私もやってみようと思う」など、生活の中で思ったちょっとしたことを記すだけで前向きさは十分伝わり、相手をほっとさせます。

礼状では、「ご心配いただき、ありがとう。もう大丈夫です」の気持ちを伝えたい。

葬儀の通知を控えた場合は理由とお詫びを

お悔やみ状は、直接訃報《ふほう》を受けたわけではない人、すなわち、死亡広告を見たり、だれかから伝え聞いたりした人からも、届くことがあります。

その中で、本来なら葬儀の通知をすべきだった人への礼状には、知らせなかった理由と、お詫《わ》びのことばを書き添えるようにしましょう。「○○様にはご遠方のため、葬儀のお知らせはあえてご遠慮させていただきました失礼を、お許しください」などのように簡潔に記し、今後の変わらぬ厚情を願うことばで結びます。

お悔やみ状への礼状の基本文例

❷故人の思い出
生前の生活ぶりや好きだったことなどを、感傷的になりすぎないように簡潔に記すとよい。

❶弔慰へのお礼
お悔やみのことばや香典などへ感謝を述べる。故人が生前とくに世話になった相手には、故人に代わってその旨のお礼を続ける。

このたびは父の永眠に際し、❶ご丁重なご弔慰のお手紙とお志を賜りまして、まことにありがとうございました。心より厚く御礼申し上げます。

おかげをもちまして、葬儀も滞りなく相営むことができました。

❷ふだん健康が自慢の父だっただけに、風邪をこじらせてあっけなくあの世へ旅立ったことは、いまだに信じられない思いですが、いつまでも嘆いてばかりはいられません。すっかり気が弱くなった母を励まし、支えながら、❸気を取り直してしっかり供養に努めてまいりたいと存じます。

生前のご厚誼に感謝申し上げますとともに、❹今後とも変わらぬご厚情を賜りますようお願い申し上げます。

略儀ながら、書中をもって御礼申し上げます。

❹厚情を願うことば
変わらぬ厚情を願うことばでまとめ、「今後ともよろしく」の気持ちを伝える。

❸今後の決意
悲しみの中にあっても、読み手に安心してもらえるような、前向きに生きる決意を素直に述べる。

友人からのお悔やみ状への礼状（夫を亡くした妻の場合）

過日は、お心のこもったお手紙をいただきまして、ありがとうございました。なにぶんにも夫が病に倒れるなどとは夢にも思っておりませんでしたので、しばらくは気持ちの整理がつかず、ご心配いただいているのを承知しながら、どうしても今日までお返事のペンをとることができませんでした。どうかお許しください。

長かった単身赴任を終え、ようやく親子四人の生活が始まった矢先に帰らぬ人となったことは、今も無念でなりませんが、夫が最期まで案じていた息子たちのためにも、前向きに明るく生きてまいりたいと思います。夫も、それをいちばん望んでいることでしょう。

いろいろご心配をおかけして申し訳ございません。今後とも何かとお世話になることがあるかと思いますが、変わらぬご支援をよろしくお願いいたします。まずは遅ればせながらお礼のご挨拶まで。

!!こんな表現法もある

現在の心境を伝えることば

- おかげさまで葬儀も滞りなくすみ、気持ちのうえでは、ようやく落ち着きを取り戻したところでございます。
- 思いもよらないことでしたので、すっかり取り乱してしまいましたが、皆様からの温かい励ましのおことばに支えられて、少しずつ日常を取り戻してまいりました。
- いただいたおことばどおり、一日も早く立ち直るよう努めてまいる所存です。

忌明けと香典返しの挨拶状

忌明けの挨拶状は返礼の品に添えるのが一般的

仏式では、七七日《なななぬか》(四十九日・満中陰《まんちゅういん》)をもって忌明《きあ》けとなります。法要を営んだあとは、その報告に加えて、供養のしるしに返礼の品(香典返し)を送ったことを知らせて、お礼の挨拶をします。これが忌明けの挨拶です。

地方によっては、葬儀当日、会葬礼状に品物を添えて香典返しとし、忌明けの挨拶はしないところもありますが、忌明けの挨拶と香典返しは兼ねる場合が多く、前述のように、返礼の品に挨拶状を添えて送るのが一般的です。

送る対象は、会葬いただいた人、お世話になった人、お悔やみ状をくださった人など幅広いので、多くは印刷した挨拶状を用います。

香典返しをしない場合の二つのケース

香典は本来、香の代わりに故人に手向けるものですが、喪家《そうか》を経済的に支援しようという意味合いもあります。

したがって、故人が一家の働き手で子どもがまだ小さい場合などは、いただいた香典を生計費やこどもの養育費にあてても失礼にはあたらず、香典返しの必要はありません。ただし、忌明けの挨拶状にその旨を明記し、遺族の生活ぶりを知らせるようにします。

また、故人の遺志や遺族の希望で、香典を社会福祉施設や医療機関に寄付するケースもあります。この場合も同様に、その旨と寄付先を挨拶状に明記します。

印刷した挨拶状でも親しい人へは一筆添えて

忌明けの挨拶状は印刷して出すことが多く、文面も形式を踏まえた簡潔な型がほぼ決まっています。

ただ、とくにお世話になった人や親しい人に対しては、印刷文だけでは形式的すぎる印象を与えます。「細やかなお心遣いをいただき、ありがとうございました。ようやく落ち着いてまいりました」などと、ひと言添えると気持ちが伝わります。

形見分けに添える手紙にはそれを分ける理由を記す

故人が生前愛用していた品物を、近親者や親しい友人などに分ける形見分けも、忌明けごろに行うのが普通です。故人の遺言があればそれに従いますが、ない場合は遺族で相談して受け取っていただく方を決め、先方の意向を確かめます。原則として、故人より目上の人には行いません。

送るときは必ず手紙を添え、その品物がなぜ相手にふさわしいかを簡単に記します。

Column 「忌明け」

仏式では、四十九日たつと死者の霊魂が成仏するといわれ、通常七七日忌をもって忌明けとします。この日には、近親者や友人を招いて法要を営み、忌明けの宴を開きますが、最近は三十五日に行う場合も多くなりました。

神式では、三十日祭か五十日祭をもって忌明けとし、仏式同様、会葬者に返礼品や礼状を送ります。

キリスト教では忌明けの習慣はありませんが、死後一か月の昇天記念日にお返しをすることが多いようです。

忌明けと香典返しの挨拶状の基本文例

❶会葬・弔慰へのお礼
頭語に続いて、会葬や香典に対するお礼を述べる。前文として、頭語のあとに時候の挨拶や安否を尋ねる挨拶などを入れてもかまわない。

❷忌明けの報告
四十九日法要を営んで、無事に忌明けを迎えたことを報告する。仏式の場合、つけた戒名を記すこともある。

謹啓　先般　父宗太郎永眠の際は❶ご多用中にもかかわらずご会葬いただき　かつご丁重なるご弔慰ならびに過分なご厚志を賜りまして　まことにありがたく厚く御礼申し上げます
おかげをもちまして本日
○○院○○○○居士
❷七七日忌法要を滞りなく相すますことができました　感謝をもってご報告申し上げます
つきましては❸供養のしるしまでに心ばかりの品をお届けいたしました　何とぞご受納くださいますようお願い申し上げます
さっそく参上いたしまして御礼申し上げるべきところ❹略儀ながら書中をもちまして　謹んでご挨拶申し上げます
謹白
平成○年○月○日

❹略儀の挨拶のお詫び
書面で略式の挨拶をすることを詫び、結語で締めくくる。

❸返礼品の送付
香典返しに供養の品を送ったことを伝え、納めてくれるようお願いする。

亡母の忌明けの挨拶状（香典を寄付した場合）

拝啓　春たけなわの折、ご尊家ご一同様には、ご健勝でお過ごしのことと存じます。

このたび母芳枝永眠の節は、お心のこもったご弔詞をいただき、かつまた格別のご芳志を賜りましたこと、厚くお礼申し上げます。

本日は故人の七七日忌にあたり、おかげさまで無事法要をすませることができました。感謝とともにご報告申し上げます。

つきましては、まことに勝手ではございますが、ご芳志の一部を故人の遺志により福祉法人○○へ贈り、ご返礼に代えさせていただきました。何とぞご了承いただきたく、お願い申し上げます。

まずは略儀ながら、書中にて謹んで御礼かたがたご挨拶を申し上げます。

敬具

ここがポイント

★香典を寄付する場合は寄付先を明記する

近年、いただいた香典の一部あるいは全額を、社会貢献活動に使うケースが多くなっています。そのために香典返しをしないときは、忌明《きあ》けの挨拶状に寄付先を明記し、それが故人の遺志または家族の希望であることも付け加えて、了解を得るようにします。

このとき、寄付先からの礼状や受領書があれば、そのコピーを添えるとよいでしょう。

亡夫の忌明けの挨拶状（香典を養育費にあてる場合）

謹んで申し上げます。

先般、夫勇治の死去に際しましては、お心のこもったご弔詞をいただき、そのうえ過分のご芳志まで頂戴いたしまして、まことにありがとうございました。心よりお礼申し上げます。

おかげさまで、本日、満中陰の法要を滞りなくすませることができました。ここに謹んでご報告申し上げます。

本来ならば、ご弔慰への謝意を表し、お礼をさせていただくべきところでございますが、はなはだ勝手ながら日ごろのご厚情に甘え、遺児の養育費にあてさせていただきたく存じます。何とぞご了承賜りますよう、お願い申し上げます。

略儀ながら、書中をもってご挨拶申し上げます。

かしこ

こんな表現法もある

香典を養育費にあてることを伝えることば

●つきましては、皆様から頂戴いたしましたご芳志を、故人の供養と遺児の教育費にあてさせていただきたく存じます。何とぞご理解いただきますよう、お願い申し上げます。

●なお、ご厚志につきましては、何分の微意を表すべきところ、まことに勝手ながら子どもたちの養育費にあてさせていただきたく、どうかご寛容をもってご了承くださいますよう、お願い申し上げます。

忌明けの形見分けに添える手紙

拝啓　陽春の候を迎え、林様にはますますご清祥のことと存じます。
先ごろ、妻郁美が亡くなりました折には、お寒い中ご弔問いただき、
本当にありがとうございました。おかげさまにて、本日、ささやか
ながら四十九日の法要も無事すませることができました。
　さて、ようやく気持ちも落ち着いてまいりましたので、休日には
故人の遺品整理にあたっておりますが、林様は、妻が愛用しており
ましたオニキスのペンダントを覚えておいででしょうか。身につけ
るたび、「これは色白の映子のほうが絶対似合う」と言っていたもの
ですので、お約束していた形見分けにいかがかと存じます。
　本来なら、お伺いしてお渡しすべきところですが、なにぶんにも
まだ取り込んでおりますので、失礼の段どうかお許しください。
　略儀ながら、書中にてご挨拶とさせていただきます。
敬具

？ここが知りたい

★形見分けをするときに気をつけたいことは？

故人をしのぶものとして、衣類、装身具、時計などの実用品が形見分けの品になります。贈る相手は故人に対する気持ちの深い人に限られますが、受け取ってもらえるか事前に尋ねるのが礼儀です。目上の人に形見分けはしませんが、先方が望んだ場合は別です。

また、故人がいかに愛用したものでも、傷みが激しいものは除外します。差し上げるときは包装せず、そのまま渡すのがしきたりです。

法要通知 ～年忌法要を営むときの通知

発送は余裕をもって、封書で出すのがマナー

忌明けの法要後、年ごとの祥月《しょうつき》命日には年忌法要を営みます。命日に行うのが理想ですが、都合がつかないときは、別の日でもやむを得ません。その場合、命日よりあとになるのは避け、必ず前の日を選びます。

法要の日時と場所が決まったら、案内状を出して出欠席の返事をもらうようにします。先方へは法要の二週間くらい前までには届くように、余裕をもって発送しましょう。

案内状は封書で出すのがマナーとされ、不幸が重なることを連想させる二重封筒は用いません。はがきサイズに印刷したものを送る場合でも、同様に一重の封筒に入れます。

とはいえ、最近では、封筒を使わずに往復はがきを使用する略式のケースも多くなってきました。

案内状として必要な事項を明確に記す

案内状の冒頭には、前文を省かず、時候の挨拶や相手の健勝を伺う挨拶を丁寧に書きます。会葬や香典のお礼は、四十九日法要の案内状では必要ですが、一周忌以降では省略してかまいません。

続く主文では内容を案内に絞り、だれの何回忌の法要かを記したあと、その日時、場所を明確にします。法要後に食事の席を設けるときは、その旨も知らせておく必要があります。準備をする都合上、折り返し出欠席の返事がほしい場合は、何日までに知らせてほしい旨を明記し、返信用はがきを同封します。

また、服装については、遺族側は正式喪服でも、参列者には「どうぞ平服でお越しください」と案内するなど、気詰まりな思いをさせない配慮が必要です。

親しい人には簡単な近況報告を添えて

遺族を気遣ってくれる親しい人には、今の心境や生活の様子を書き添えると、心のこもったものになります。印刷した案内状でも、必要事項を記したあとの余白に、数行の添え書きをするとよいでしょう。

ただし、あくまでも案内状であり、出席をお願いするのが目的なので、それにふさわしくない込み入った内容は、避けるようにします。

広範囲に案内を出すのは三回忌くらいまで

一周忌法要は、近親者、親しい友人や知人、葬儀で世話になった人なども招いて、盛大に営むのが普通です。

そのため、案内状はかなり広範囲に出しますが、それも三回忌くらいまでで、それ以降は近親者など、関係の深い人に絞るようになります。

Column

法要に出席できないとき

法要は故人への供養ですから、案内を受けたときは、よほどのことがないかぎり出席するのが原則です。

どうしても出席が無理なときは、施主《せしゅ》側の都合もあるので早めにその旨を通知し、法要の日までに「御仏前」と表書きした「お金包み」を、現金書留で送ります。上質の線香などを送るのも、よいでしょう。いずれの場合でも欠席を詫びる手紙を添え、後日、焼香に伺うようにします。

法要通知の基本文例

❷出席のお願い
丁重なことばで出席のお願いをする。出欠席の返事を願う場合は、日時と場所に続いて記す。

❶前文の挨拶
頭語に続いて時候の挨拶を述べ、相手の健勝を伺う。法要の通知なので、「お喜び申し上げます」などのことばは使わない。

❶謹啓　余寒なお厳しい折でございますが　皆様にはご健勝にてお過ごしのことと拝察申し上げます
さて　来る三月六日は亡父秀雄の一周忌にあたりますので　左記のとおり心ばかりの法要を営みたく存じます　ご多用中まことに恐縮でございますが❷ご参会賜りますようお願い申し上げます
なお　当日は法要ののち　粗餐を差し上げたく存じます❸
まずはご案内申し上げます
謹白

平成○年二月五日

❹施主　小野寺秀樹

記

一、日時　三月五日(日)午前十一時より
一、場所　東京都大田区池上○－○－○　孝隆寺本堂

❹法事を営む当主の氏名
「喪主」は使わない。「施主」とは、費用を負担して葬儀・法事などを運営する責任者。

❸食事の供応
法要後に食事の用意があるときは、その旨を伝えて予定に入れておいてもらう。

亡夫の一周忌法要の案内状

夏空のまぶしいころ、皆様にはいかがお過ごしでしょうか。

さて、光陰矢のごとしと申しますが、昨年八月十八日に夫が急逝しましてから、早くも一年を迎えようとしております。この間、皆様には、ことばに尽くせないほどの温かいご支援を、数多く頂戴いたしました。おかげさまで親子三人、今日までつつがなくやってこられましたことに、心より感謝申し上げます。

つきましては、来る八月十七日の日曜日午前十一時より、自宅にて心ばかりの一周忌法要を営みたいと存じますので、せっかくの日曜日に恐縮ですが、ご参会いただけましたらありがたく存じます。

なにぶんにも暑中のことですので、お気軽な服装でお運びくださいますようお願い申し上げます。

まずは、ご挨拶かたがたご案内まで申し上げます。

かしこ

ここが
ポイント

★立ち直った様子を伝えることも大切

一家の大黒柱を失って母親と子どもが残された場合などは、その後の生活のことが周囲も気がかりなものです。法要の案内状で長々と近況報告をするのは感心しませんが、まったく触れないのも不自然です。

短くてもよいので、残された家族で元気に暮らしている、という様子は、相手に安心してもらうために、ぜひ伝えたいことです。いただいた支援への感謝のことばも、忘れず書き添えましょう。

●著者略歴

岩下 宣子(いわした のりこ)

マナーデザイナー。現代礼法研究所主宰。

共立女子短期大学卒業。キッコーマン入社。全日本作法会の内田宗輝氏、小笠原流小笠原清信氏のもとでマナーを学び、1985年に現代礼法研究所を設立。マナーデザイナーとして、公共団体、商工会議所、企業、学校などで、マナーの研修、指導、講演を行い、執筆活動でも活躍中。

著書として、『親の葬儀と相続事典』(日本文芸社)、『人に好かれる大人のお作法』(エイ出版社)、『マナーのすべてがわかる便利帳』(ナツメ社)ほか多数。

カバー　木村美敬(マグラーデザイン)
イラスト　岡田真一
編集協力　㈱文研ユニオン

本書は2000年に刊行した『葬儀・法要あいさつ事典』に
加筆、再編集したものです

葬儀《そうぎ》・法要《ほうよう》　心《こころ》のこもったあいさつと手紙《てがみ》

2013年 4月20日　第1刷発行
2015年 4月 1日　第3刷発行

著者
岩《いわ》下《した》宣《のり》子《こ》

発行者
中村　誠

CTP製版
株式会社公栄社

印刷所
玉井美術印刷株式会社

製本所
株式会社越後堂製本

発行所
株式会社 日本文芸社
〒101-8407　東京都千代田区神田神保町1-7
TEL　03-3294-8931(営業)　03-3294-8920(編集)

Printed in Japan　112130325-112150226 Ⓝ 03
ISBN978-4-537-21102-3
URL　http://www.nihonbungeisha.co.jp

編集担当:三浦